MARCO POLO

GOLF VON NEAPEL

AMALFI, ISCHIA, CAPRI, POMPEJI, CILENTO

Reisen mit **Insider Tipps**

An Neapel reizt mich das Überraschende, der Besuch der Stadt ist für mich jedesmal ein Abenteuer. Die perfekte Ergänzung dazu ist die Golfküste: das Mediterrane, das Licht, die Wärme, die grandiose Landschaftskulisse, der Duft des Meeres und der Pinien, die Farben

MARCO POLO Autorin
Bettina Dürr
(siehe S. 135)

Spezielle News, Lesermeinungen und Angebote zum Golf von Neapel:
www.marcopolo.de/golfvonneapel

GOLF VON NEAPEL

> SYMBOLE

Insider Tipp **MARCO POLO INSIDER-TIPPS**
Von unserer Autorin für Sie entdeckt

★ **MARCO POLO HIGHLIGHTS**
Alles, was Sie am Golf von Neapel kennen sollten

SCHÖNE AUSSICHT

WLAN-HOTSPOT

▶▶ **HIER TRIFFT SICH DIE SZENE**

> PREISKATEGORIEN

HOTELS

€€€ über 160 Euro
€€ 100–160 Euro
€ bis 100 Euro

Preise für ein Doppelzimmer in der Saison

RESTAURANTS

€€€ über 16 (10) Euro
€€ 9–16 (7–10) Euro
€ unter 9 (7) Euro

Preise für ein Hauptgericht (*secondo*) bzw. für ein Nudelgericht (*primo*, in Klammern) ohne Beilagen und ohne den Preis für Brot und Gedeck

> KARTEN

[122 A1] Seitenzahlen und Koordinaten für den Reiseatlas Golf von Neapel
[U A1] Koordinaten für die Neapelkarte im hinteren Umschlag
[0] außerhalb der Karte

Ausgrabungspläne zu Herculaneum und Pompeji finden Sie auf den Seiten 50 und 53. Zu Ihrer Orientierung sind auch die Orte mit Koordinaten versehen, die nicht im Reiseatlas eingetragen sind

INHALT

> SZENE

S. 12–15: Trends, Entdeckungen, Hotspots! Was wann wo am Golf von Neapel los ist, verrät der MARCO POLO Szeneautor vor Ort

> 24 STUNDEN

S. 102–103: Action pur und einmalige Erlebnisse in 24 Stunden! MARCO POLO hat für Sie einen außergewöhnlichen Tag in und um Neapel zusammengestellt

> LOW BUDGET

Viel erleben für wenig Geld! Wo Sie zu kleinen Preisen etwas Besonderes genießen und tolle Schnäppchen machen können:

Fast Food alla napoletana schon ab 1 Euro S. 34 | Billig und schnell nach Pompeji S. 54 | Gratis in Ischias heiße Quellen steigen S. 62 | Mit der „Meeresmetro" für 10 Euro von Neapel nach Amalfi S. 74 | Billig wohnen, essen und einkaufen im Cilento 89

> GUT ZU WISSEN

Was war wann? S. 10 | Bücher & Filme S. 18 | Spezialitäten S. 26 | Campania Card S. 36 | Slow Food in Cetara S. 71 | Blogs & Podcasts S. 92 | www.marcopolo.de S. 112 | Was kostet wie viel? S. 114 | Wetter in Neapel S. 115

AUF DEM TITEL
Antichi Sentieri: Zeitreise im Hinterland S. 69
Neapels Piazza Bellini S. 43

ENTDECKEN SIE DEN GOLF VON NEAPEL!

Unsere Top 15 führen Sie an die traumhaftesten Orte und zu den spannendsten Sehenswürdigkeiten

Die Highlights sind in der Karte auf dem hinteren Umschlag eingetragen

1 Museo Archeologico Nazionale
Der Schönheitssinn der Antike: zauberhafte pompejanische Wanddekorationen im Archäologischen Museum in Neapel (Seite 35)

2 Museo e Gallerie Nazionali di Capodimonte
Der Kunstreichtum der neapolitanischen Könige im majestätischen Palast hoch über der Stadt (Seite 36)

3 Museo Nazionale di San Martino
Neapels berühmteste Krippensammlung, zu erreichen mit der Standseilbahn (Seite 36)

4 Napoli Sotterranea
Ganz Neapel ist unterwandert von einer dunklen, ins Tuffgestein getriebenen Gegenwelt – ein Labyrinth, das bis auf die Zeit der Griechen und Römer zurückgeht (Seite 36)

5 Cuma
Eindrucksvolle, romantische Ruinen bezeugen die Ankunft der Griechen in Süditalien vor 2800 Jahren (Seite 44)

6 Ercolano
Noch besser erhalten als das nahe Pompeji: die vor zwei Jahrtausenden im Lavaschlamm versunkene Ruinenstadt Herculaneum am Fuß des Vesuvs (Seite 49)

7 Villa dei Misteri
Das Fresko in Pompeji mit dem eigentümlichen Treiben junger Frauen gibt Rätsel auf (Seite 52)

> DIE BESTEN MARCO POLO HIGHLIGHTS

8 Grotta Azzurra
Einzigartige Lichtreflexe in Capris viel besungener Blauer Grotte (Seite 59)

9 La Mortella
Kein Ischiaaufenthalt ohne den Besuch dieser traumhaften Gartenanlage (Seite 62)

10 Antichi Sentieri
Auf alten Treppenwegen und Maultierpfaden an der Amalfiküste geht es durch Zitronenplantagen und Bergwälder (Seite 69)

11 Terrazza dell'Infinito
In Ravello finden Sie eine Panoramaterrasse mit Blick in die Unendlichkeit (Seite 75)

12 Locanda Don Alfonso 1890
In Sant'Agata sui Due Golfi gibt es nach einhelliger Meinung der Restaurantführer die beste Küche Süditaliens (Seite 81)

13 Paestum
Von der einst riesigen antiken Stadt ist noch längst nicht alles ausgegraben (Seite 89)

14 Bootstouren
Die Bootsausflüge zu den Meeresgrotten enden mit einem Strandpicknick, bei dem die eben gefangenen Fische auf den Grill kommen (Seite 93)

15 Certosa di San Lorenzo
Im Cilento beeindruckt die größte Barockkartause Italiens (Seite 94)

WAS
FÜR
EINE
KÜSTE!

AUFTAKT

> Der Golf von Neapel, ein unergründliches Paradies: Aus den dunklen Zitrushainen von Sorrent und Amalfi blitzen gelbe Zitronen auf, weiße Blüten duften betörend. In tiefen Grotten längs der Felsküste leuchtet das Meer kobaltblau und smaragdgrün. Vor dem Hintergrund des Vulkans Vesuv zeigen in der Ruinenstadt Pompeji „Kamasutra"-Fresken, wie die alten Römer liebten. In Neapel stößt man nach engen Gassen auf bunte, üppige Märkte, schlendert über weite, elegante Plätze oder steigt hinab in die unterirdische Stadt im Tuff. Abends lässt man sich die beste Pizza der Welt schmecken, und im Sommer geht es zum Surfen nach Palinuro.

> Wo auch immer Sie Ihre Reise an den Golf von Neapel beginnen – die schönste Einstimmung ist immer ein Weitblick auf den Golf: zum Beispiel von der Sorrentinischen Halbinsel aus, etwa von den Balkonen und Terrassen der prachtvollen alten Hotels, die sich auf dem Tuffsteinplateau von Sorrent hoch über das Meer erheben. Von hier schweift der Blick über den gesamten Golfbogen, auf die Bergkette der

Spektakulär ist der Weitblick vom Terrassengarten der Villa Rufolo in Ravello

Monti Lattari, die sich ins Landesinnere zieht, dann auf den mächtigen Vulkankegel des Vesuvs, schließlich auf das Häusermeer der faszinierenden Metropole Neapel. Im Meerdunst sieht man schemenhaft die Inseln Ischia und Procida, Capri liegt dagegen verdeckt von der Spitze der Halbinsel Sorrents. Inseln der Verheißung und jede mit ganz eigenem Charakter.

Jenseits der Halbinsel von Sorrent beginnt die Costa Divina, die „Göttliche Küste" von Amalfi mit ihren Zitronenhainterrassen und den die Felsen hinabgestuften Dörfern aus ineinander verschachtelten Häusern in Rosa, Creme und Apricot, an denen sich leuchtend rote Bougainvilleen hochranken, seit Generationen von ungebrochenem Zauber. Hier liegen auch die schönsten Hotels. Die besten Restaurants finden sich

> Überall Berge von Obst, saftig und frisch gepflückt

wiederum auf der Sorrentinischen Halbinsel: Hier haben sich in den letzten Jahren einige hochkarätige Gourmettempel angesiedelt, die mit ihrer raffinierten, doch ganz mediterranen Küche Kampanien auch für anspruchsvolle Feinschmecker höchst attraktiv machen.

Dass es die Götter mit dieser Gegend besonders gut gemeint haben, sieht man auch an den Märkten in den Orten und längs der Küstenstraße: überall Berge von Zitrusfrüchten, knackigen Artischocken, süßen Tomaten, vielerlei Gemüse, Aprikosen, Birnen, Trauben, Feigen, Mispeln, alles saftig und frisch gepflückt und ganz anders als im Supermarkt.

An die Amalfiküste schließt sich der Golf von Salerno an. Die uralte Hafenstadt hat sich in letzter Zeit sehr gemausert, zudem bildet sie den Auftakt zum Cilento. Der Cilento ist *die* Entdeckung der letzten Jahre und steht als ein positives Beispiel für das

AUFTAKT

Enge Gassen voll Lärm und Leben: Neapel ist ein Bienenstock summenden Lebens

Zusammenspiel von geschützter Kultur- und vor allem Naturlandschaft und umweltverträglicher touristischer Entwicklung. Er beginnt mit Paestum, den wunderbar erhaltenen, antiken Göttertempeln noch in der Ebene des Flusses Sele, und erhebt sich dann zu stattlichen Bergmassiven mit Gipfeln von bis zu 1800m Höhe. Hier lernt man ein altes Bauernland kennen und eine Küste aus phantastischen Steinformationen und traumhaften Sandbuchten. Im Landesinnern können Sie in naturgeschützten Wäldern wandern, geheimnisvolle Grotten besuchen und auf Bauernhöfen wohnen. An der Küste locken Campingplätze in Olivenhainen und Ferienanlagen am glasklaren Meer. Das ist genau der richtige Kontrast zum trubeligen Neapel.

Seit einigen Jahren herrscht ein neues Klima in der Metropole. Mit ehrlichen Bürgermeistern nach Jahrzehnten der Korruption, auch gut eingesetzten Geldern und engagierten Bürgerinitiativen wurden heruntergekommene Palazzi, Parks und Plätze restauriert, allen voran die eindrucksvolle Piazza del Plebiscito mit ihrem klassizistischen Doppelsäulengang vor dem nicht minder eindrucksvollen Königspalast Palazzo Reale. Noch vor wenigen Jahren voll gestopfter Parkplatz, ist sie heute die Piazza der Neapolitaner, Fußgängerdorado, Kinderspielplatz, Konzert- und Versammlungsraum unter freiem Himmel.

Das *centro storico,* die am dichtesten besiedelte Altstadt Europas, gehört immer noch seinen Bewohnern und nicht nur Banken und schicken Büros. Das heißt aber auch: enge, heruntergekommene Straßenschluchten, die Stadtviertel wie die Quartieri Spagnoli oder Sanità durchziehen, mit Souterrainwohnungen ohne Tageslicht, *bassi* genannt, und überall kleinen Heiligenaltären – Lebensfülle ohne Idylle, dafür mit Herz und vor einer grandiosen Naturkulisse. Heute florieren Ausstellungen und Konzerte, die großen neapolitanischen Museen wie das Schloss Capodimonte mit seiner berühmten Gemäldesammlung, das Archäologische Museum mit den Schätzen aus Pompeji, das sehenswerte Stadtmuseum

> *Ein positives Beispiel für umweltverträgliche Entwicklung*

WAS WAR WANN?

Geschichtstabelle

8.–5. Jh. v. Chr. Längs der Küste und auf Ischia entstehen Griechenkolonien, darunter Neapolis

Ab 4./3. Jh. v. Chr. Romanisierung der Griechenstädte, die römische Oberschicht baut sich herrlich gelegene Villen

79 n. Chr. Ein Ausbruch des Vesuvs begräbt die römischen Städte Herculaneum, Pompeji und Stabiae unter Lava- und Aschemassen

11.–13. Jh. Unter der Herrschaft der Normannen und der Staufer wächst Süditalien zur größten politischen Einheit vor der italienischen Nationalstaatsbildung 1861 zusammen

1647/48 Eine Steuer auf frisches Obst löst unter der Führung des Fischverkäufers Tommaso Aniello („Masaniello") einen Volksaufstand während der Herrschaft der spanischen Krone aus

1734 Süditalien wird dem Bourbonenkönig Karl III. zugeschlagen. Ihm verdankt die Stadt ihre Blütezeit. Die Ausgrabungen in Pompeji beginnen

1860 Anschluss an den neu gebildeten Nationalstaat Italien

1943 In den *Quattro Giornate di Napoli* befreien die Neapolitaner ihre zerbombte Stadt von Faschisten und Nazideutschen

1950er-Jahre Beginn des zerstörerischen Baubooms in Neapel

1980 Schweres Erdbeben in Süditalien, schlimme Schäden in ganz Kampanien

2007 Blutige Camorrafehden sowie Abfallprobleme trüben das Lebensgefühl in Neapel; verschärfte Sicherheitsmaßnahmen

mit den neapolitanischen Krippen in der alten Klosterkartause San Martino – sie alle sind neu geordnet und restauriert worden und ziehen Touristen in Scharen an. Und eine Gruppe von Amateurspeläologen hat die Unterwelt Neapels ausgekundschaftet: Zisternen, Höhlen, Tunnel im Tuffgestein noch aus der Zeit der Griechen und Römer, eine atemraubende Gegenwelt zu der Stadt oben im Tageslicht.

Die Neapolitaner lieben ihre Stadt. Immer wieder wird man jemandem begegnen, dem es ein Anliegen ist, dem Touristen einen verborgenen Schatz, eine Kapelle, einen besonders schönen Innenhof zu zeigen – oft mit ausgesucht höflicher Freundlichkeit. Diese stolze Höflichkeit verweist auf eine hochkulturelle Vergangenheit, auf das antike Griechentum, auf dessen eindrucksvolle Spuren Sie überall auf einer Reise durch Kampanien stoßen, wie auch auf Zeugnisse jener Zeit, in der Neapel über Jahrhunderte die Kapitale eines Königreichs war, mit einem prächtigen, raffinierten Hof und allem, was dazugehört.

Die Besiedlung der süditalienischen Küste durch Exilgriechen begann 770 v. Chr., als die ersten auf Ischia landeten und die Kolonie Pithekussai gründeten. 45 Jahre später setzten sie bei Cuma aufs Festland über und gründeten Ansiedlungen im Gebiet Neapels.

Im Hinterland Kampaniens siedeln zunächst die Etrusker und Volksstämme aus dem Apennin, später betreten die Römer die Bühne. Sie lassen sich von der Schönheit des Golfs, der Küste Kampaniens und der Inseln verzaubern und vom griechisch geprägten Geistesleben Neapels faszinieren: Überall entstehen Thermen und prächtige Badevillen.

Mit dem Untergang des Römischen Reichs zerbricht die politische Einheit Italiens, die Zeiten, in denen immer wieder neue Völker und fremde Herrscherdynastien in den Süden vordringen, beginnt. 1137 nehmen die Normannen Neapel ein. Mit ihnen wird der Grundstein eines feudal-zentralistischen Verwaltungsapparats in ganz Süditalien gelegt: zunächst unter den Anjou, dann unter dem Haus Aragón, schließlich unter den Bourbonen bis zur Nationalstaatsbildung Italiens 1861.

> *Eine Stadt, deren Zentrum noch den Bewohnern gehört*

Die Probleme Neapels – Arbeitslosigkeit, organisiertes Verbrechen, gnadenlose Zersiedelung, Umweltbelastung, Verkehrschaos – sind nach wie vor groß. Aber die positive Waagschale füllt sich von Jahr zu Jahr, auch angespornt von neuem touristischem Interesse an der Stadt. Und überhaupt – wer an den Golf von Neapel reist, sucht das Leben mit all seinen Widersprüchen und nicht nur den Liegestuhl.

Schwindel erregende Ausblicke bieten die Bergpfade an der Costa Amalfitana:
Blick vom Sentiero degli Dei auf die Häuserkaskaden von Positano am Hang überm Meer

TREND GUIDE GOLF VON NEAPEL

Die heißesten Entdeckungen und Hotspots! Unser Szene-Scout zeigt Ihnen, was angesagt ist

Alexia Pospieszczyk
lebt und arbeitet seit zwei Jahren in Neapel und ist begeistert von der magischen Metropole im Süden Italiens. Als Fotografin ist sie ständig auf der Suche nach neuen Motiven und verborgenen Ecken *(www.ap-pictures.com)*. Ihre persönlichen Hotspots? Das Trendviertel Chiaia für den Aperitivo, die Beachbar *Nabilah* am Strand von Fusaro zum Clubbing und die Thermen in Baia zum Entspannen.

LIFESTYLE

Capuana und Chiaia erfinden sich neu

Im einstigen Arbeiterviertel Porta Capuana schufen Artists aus einer alten Wollfabrik ein Kunstzentrum samt Cafeteria und organisieren Performances und Workshops: das *Lanificio 25, (Piazza Enrico De Nicola 46, www.cra.na.it)*. Im ehemals bürgerlichen Viertel Chiaia zieht der stylishe Concept Store *Culti Spa Cafè* mit Hamam, Kaffeebar und Beauty-Produkten des Labels *Culti* (*Via C. Poerio 47, www.culti.it,* Foto) immer mehr Trendsetter an. Genauso wie die Location *Trip*, ein Mix aus Kunstgalerie, Bar und Objektshop *(Via Martucci 64, www.cra.na.it)*.

NAPOLI JAZZ

Dolce Vita mit Saxophon & Co.

Immer mehr Fans der Musik von Louis Armstrong zieht es jedes Jahr an den Golf von Neapel und ins Hinterland. Der Grund: Zwischen Juni und September finden acht hochkarätige Jazzfestivals statt *(www.circuitojazz.it)*. Nationale und internationale Musiker geben z.B. beim *Teano Jazz Festival (www.teanojazz.org)* oder beim *Pomigliano Jazz Festival* (*www.pomiglianojazz.com,* Foto) progressive Beats zum Besten.

SZENE

IN VINO VERITAS

Neues aus Kampaniens Kellereien

Engagierte Winzer interpretieren Traditionen neu und keltern seit neuestem ausgezeichnete Weine aus alten Rebsorten. Sorten wie *Fiano di Avellino, Falanghina, Greco di Tufo, Aglianico,* die vor 2800 Jahren mit den Griechen nach Italien kamen, erwachen zu neuem Geschmack. Weinproben sind der Trend in Kellereien wie *Feudi di San Gregorio* in der Provinz von Avellino *(Localita Cerza Grossa, www.feudi.it)*, in der *Cantine Caputo bei Caserta (Via Consortile zona ASI Carinaro, www.caputo.it)* und im Cilento bei Castellabate etwa in der Kellerei *San Giovanni (Punta Tresino, Parco nazionale del Cilento, www.agricolasangiovanni.it)*. Basierend auf altem Wissen und archäologischen Funden ensteht aus pompejanischen Rebsorten in der Kellerei *Mastroberardino* der Wein *Villa dei Misteri* (*Atripaida, ww.mastroberardino.com,* Foto).

ZEITGENÖSSISCHE KUNST

Eine Region avanciert zum Art-Hotspot

Kunstinstallationen in Metrostationen, Events in den Mönchszellen der Kartause San Lorenzo in Padula und neue Museen in Neapel sind der Renner in der Kunstszene. Die *Arte-Card (www.napoliartecard.com)*, mit der es vergünstigte Eintritte gibt, macht die Kunst einem breiten Publikum zugänglich. Avantgardistisches gibt es in den Privatgalerien zu sehen – Rauminstallationen mit Matratzen, die aussehen, als hätte eben noch jemand darauf geschlafen, moderne Malerei und Fotografien machen die Ausstellungen zum Kunstgenuss. Die Namen der Stunde sind Francesco Annarumma, mit seiner Galerie *404 Gallery (Via S.Brigida 76,www.404gallery.com)*, Mimmo Scognamiglio mit *Artecontemporanea (Via Mariano d'Ayala 6, www.mimmoscognamiglio.com)* und Raucci und Santamaria mit *Galleria Raucci/Santamaria (Corso Amadeo di Savoia 190, www.rauccisantamaria.com)*.

MADE IN ITALY

Mode, die Stars lieben

Heidi Klum & Co. tragen es vor – Römersandalen und Tuniken sind wieder im Kommen, und Mode im Stil der alten Römer wird salon- bzw. clubfähig. Neapels Jungdesigner sind auf dem Vormarsch. Very sophisticated sind die puristischen Leinenoutfits von Tony Ajello, die unter dem Label *100% Capri* laufen (*Via Fuorlovado 29,* Foto). Die Ladenkette *Positano Fashion* steht seit Jahrzehnten für bunte Hippiemode und handgefertigte Sandalen. Die luftigen Treter sind der Renner in Dutzenden Boutiquen in Positano, Sorrent und Capri. Mit seinen mindestens genauso extravaganten, wie beeindruckenden Roben verwandelt Gianni Molaro seine Models in Göttinnen *(www.giannimolaro.it)*. Und endlich kann man auch wieder *Pucci* auf Capri shoppen, denn erst vor Kurzem hat der Edeldesigner auf der Shoppingmeile der Insel eine Boutique eröffnet *(Via Camerelle 65, www.emiliopucci.com)*.

CINEASTISCHE HIGHLIGHTS

Ein Fest für Film- und Glamourfans

Rote Teppiche, Hollywoodstars, Filmpremieren – der Golf von Neapel entwickelt sich zum Hotspot für Cineasten und Glamourfans. So werden beim *Napoli Filmfestival* jedes Jahr im Juni sowohl aktuelle Produktionen aus dem Mittelmeerraum, als auch internationale Filme gezeigt. Die Veranstaltung ist ein Magnet für Movie-Größen wie zum Beispiel die Coen-Brüder (*www.napolifilmfestival.com,* Foto). Ein weiteres Highlight der Branche, das sich seit neuestem weder Stars noch Sternchen entgehen lassen, ist das *Global Film & Music Fest (www.ischiaglobal.com)* auf der Insel Ischia – die Kombi aus Film und Musik sorgt für Furore! Sogar Oscarpreisträger wie Hilary Swank oder Sir Ben Kingsley nutzen das Festival als Plattform zur Präsentation ihrer neuesten Werke und zum Get Together.

DESIGNHOTELS

Aus traditionell mach trendy

Retro-Schick und Moderne fusionieren und vorhandene Hotels bekommen ein Facelifting. Anstatt die alten Kästen abzureißen, holen sich die Italiener Hilfe berühmter Designer. Mit Möbeln von Philippe Starck hat das *Bellevue Syrene (Piazza Vittoria 5, www.bellevue.it)* in Sorrent sein Image aufgefrischt: Der Mix aus Farbe und Form inspiriert die Sinne. Hinter der 50er-Jahre-Fassade des *Le Sirenuse* verbirgt sich ein stylisher Wellnesstempel der Extraklasse, entworfen von Italiens Design-Heldin Gae Aulenti (*Via Cristoforo Colombo 30, www.sirenuse.it,* Foto). Von der einstigen Industrie-Ruine ist heute im schicken *Crowne Plaza Stabiae* in Castellammare di Stabia nichts mehr zu sehen. Klare Linien, hochwertige Materialien und anspruchsvolles Design regieren seit der Renovierung *(Località Pozzano, www.crowneplaza.com)*. Für einen absolut unvergesslichen Blick über die Bucht sorgen die neuen, umlaufenden Glasfronten des *Maison La Minervetta* in Sorrent *(Via Capo 25, www.laminervetta.com)*.

BEACH CLUBBING

Musik im Ohr und Sand zwischen den Zehen

Die Strand-Locations von Neapel bis in den Cilento rüsten auf: Beachbars und -clubs sind angesagt und locken Partypeople an. Tagsüber Badestrand, abends Chillout-Lounge und Dance-Location. Die No. 1 der Partystrände ist der Lido Fusaro in Torregaveta bei Neapel. Hier setzen der *Sohal Beach Club (Via Spiagge Romane, www.sohal.it)* und der Club *Nabilah* (*Via Spiaggia Romana 15, www.nabilah.it,* Foto) mit der Farbe Weiß Trends: Sonnensegel, Daybeds, Lounges und Liegen erstrahlen in cleanem Glanz. Ein weiterer Beach-Hotspot inklusive Club ist das *Il Ciclope* zwischen Marina di Camerota und Palinuro, das wie gemacht ist für glamouröse Partys. In einer Steingrotte, die zu einem Club ausgebaut wurde, werden dort die Nächte durchgetanzt *(20 Via Discesa Coroglio, www.ilciclope.it)*.

> CAMORRA, HEILIGE UND ZAHLENLOTTO

Wissenswertes zu Pizza, „O sole mio" und anderen typisch neapolitanischen Phänomenen

CAFFÈ

Viele glauben, die Bezeichnung „Espresso" für eine kleine Tasse mit starkem Kaffee wäre typisch italienisch. Dabei sagen die Italiener dazu schlichtweg *caffè,* den sie am Tresen der zahllosen Stehbars trinken, die man an allen Straßenecken und Plätzen findet und deren Duft sich oft sogar gegen den Abgasgestank behauptet. Gilt der italienische *caffè* ohnehin als eine der weltbesten Arten, Kaffee zu trinken, so heißt es, in Neapel erlange er seine absolute Vollendung: vollmundig, aber nicht teerig, weich und doch kräftig, nicht bitter, nicht säuerlich. Was nicht einmal an besonders guten Kaffeesorten liegt, sondern viel eher an der unvergleichlichen Fähigkeit des oder der *barista,* die Espressomaschine zu bedienen: Es gilt, unter dem richtigen Druck die richtige Wasserdampfmenge im

STICH WORTE

richtigen Tempo durch die richtige Dosierung des Kaffeepulvers zischen zu lassen. Die Neapolitaner meinen, es liege an ihrem Wasser. Im Sommer bekommen Sie ihn auch kalt als *caffè freddo* oder zu Eiskristallen gefroren als *granita.* Manchmal kann es in Neapel, und nur hier, passieren, dass jemand einen *caffè* trinkt, aber zwei im Voraus bezahlt *(caffè sospeso)* für einen Unbekannten, der irgendwann die Bar betreten wird, aber kein Geld hat, um sich eine Tasse dieses schwarzen Lebenselixiers zu gönnen – in Neapel ein Menschenrecht.

CAMORRA

Wer sich eine Markenimitation auf den Straßenmärkten kauft, wirtschaftet damit gleichzeitig der Camorra zu. Sie bestimmt über die Standplätze der Fensterputzer, Taschentuchverkäufer, Parkplatzwächter. Das sind die Kleinigkeiten. Die großen Geschäfte, bei denen sie alljährlich Unsummen umsetzt, bestehen aus Drogen, Spielhöllen, Prostitution, Wucher, Schutzgelderpressung. Und allzu gern mischt sie im Baugeschäft und in der Abfallwirtschaft mit – als sogenannte Ökomafia. Die Camorra geht zurück auf das 16. Jh., als die hochreligiösen Bourbonen spanische Soldaten nach Neapel brachten, aus der *guadagna,* einer ritterlichen Laienbruderschaft, die vor Gewalt nicht zurückschreckte, damals in Spanien sehr verbreitet war und gute Beziehungen zu Hof und Kirche hatte. Eine hierarchisch durchorganisierte Gesellschaft, in der man sich untereinander half und die nur ihre eigenen Gesetze kannte – ein Modell, das im engen Neapel erfolgreich Fuß fasste und mit der Zeit immer krimineller wurde. Viele Morde in Neapel lassen sich auf Camorrarivalitäten zurückführen. Fahndungserfolge gegen die verstreuten Clans gibt es immer wieder – und dank der Kronzeugen immer häufiger. Aber solange in Kampanien von 460 000 Arbeitslosen mehr als die Hälfte Jugendliche sind, die auf normalem Weg kaum Existenzchancen für sich sehen, wird die Camorra auch weiterhin Zulauf bekommen.

> BÜCHER & FILME

Kosmos heftiger Gefühle und krasser Gegensätze

> **Das Meer beginnt in Neapel** – Keine andere Stadt Italiens bietet Autorinnen und Schriftstellern so viel Stoff wie Neapel. Als Ort lebenslanger Sehnsucht präsentiert sie sich in diesem Roman von Elisabetta Rasy.

> **Via Gemito** – Kulisse für eine leidenschaftliche Familiengeschichte ist die Stadt in diesem Buch von Domenico Starnone.

> **Die Signora, die ich werden wollte** oder **Der erfundene Freund** – Für das raue, gewitzte Lebensgefühl junger Frauen, die sich stadtneurotisch in Neapel durchschlagen, stehen diese zwei coolen, lockeren Erzählungen von Valeria Parrella.

> **Mitten unter Wölfen** – Den knallharten Überlebenskampf thematisiert diese Geschichte Peppe Lanzettas.

> **Es begann in Neapel** (1960) mit Clark Gable und Sofia Loren sowie **Avanti! Avanti!** von Billy Wilder mit Jack Lemmon (1972) – Zwei wunderbare Komödien, in denen alle Klischees mediterraner Leichtigkeit und Lebenswärme am Golf herrlich ausgespielt werden; beide sind auf DVD erhältlich.

> **Der talentierte Mr. Ripley** – In der lasziven mediterranen Atmosphäre am Golf spielt der spannende Film (1999) nach einem Krimi von Patricia Highsmith, mit Donald Judd, Matt Damon und Gwyneth Paltrow.

> **Der Postmann (Il Postino)** – Die Insel Procida bildet den Rahmen für die poetische Freundschaft zwischen dem chilenischen Exildichter Pablo Neruda und dem Inselpostboten, dargestellt vom wunderbaren neapolitanischen Schauspieler Massimo Troisi in diesem schönen Film von 1994.

CANZONE NAPOLETANA

Neapel ist eine musikalische Stadt, war im 18. Jh. Metropole des Melodramas, hat weltberühmte Sänger, Musiker, Komponisten hervorgebracht – und herrlich melodiöse Lieder, die bekannter als die Bibel sein dürften, allen voran *O sole mio,* dann *funiculì funiculà, Santa Lucia, Torna a Surriento, Marechiaro* und viele mehr. Die *canzone napoletana* eignet sich bestens als Werbejingle für die Stadt. Ein guter, nicht zu schnulziger Interpret ist Roberto Murolo. Die nach wie vor sehr lebendige Musikalität produziert aber heute – neben dem folkloristischen Kommerz – ganz andere Klänge: Da ist die berühmte Nuova Compagnia del Canto Popolare, die altes Liedgut wiederbelebt hat. Mit modernen Rhythmen taten das Vokalisten wie Edoardo Bennato und Teresa de Sio oder die Gruppe Spaccanapoli, Meister des neapoletanischen Folk. Ein Klassiker des Neuen ist Pino Daniele, er mischt Jazz, Blues, Melodie, dazu Englisch und neapolitanischen Dialekt, und das in ganz Italien sehr erfolgreich. Und die Gruppe Almamegretta greift auf den stampfenden *tammurriata*-Rhythmus zurück und mixt ihn mit Dub und Reggae zu Texten in neapolitanischem Dialekt.

Von fromm bis frömmelnd: Heilige sind im Stadtbild Neapels allgegenwärtig

HEILIGE

Beim ersten Spaziergang durch die Stadt fällt es sofort ins Auge: An Straßenecken und in fast jeder Gasse begegnet Ihnen eine erleuchtete

Wandkapelle, hinter Gitter oder Glas eine Madonnenfigur, ein Heiliger, von Lämpchen erleuchtet und mit Papier- und frischen Blumen geschmückt. Je ärmlicher die Gassen, umso liebevoller gepflegt erscheinen die kleinen Wandaltäre, in ihrer festlichen Beleuchtung oft in krassem

Nirgends schmeckt sie so gut wie hier an ihrem Entstehungsort: pizza napoletana

Gegensatz zu den abgeblätterten, smoggrauen Häuserwänden. Allein in Neapel wird 52 verschiedenen Heiligen gehuldigt, darunter sieben Hauptheilige, an der Spitze natürlich San Gennaro, der Patron Neapels, der zweimal im Jahr mit der Verflüssigung seines Blutes unter inbrünstigen Gebeten der Gläubigen (am ersten Maisamstag und am 19. September) sein orakelhaftes Placet zum Schicksal der Stadt gibt. Einmal davon abgesehen, dass all das offen legt, wie sehr sich die Menschen den irdischen Geschicken ausgeliefert fühlen und Schutz suchen, mag ihre Vielzahl sicherlich auch als das Erbe der heidnischen Göttervielfalt der Antike, der Griechen und Römer, zu verstehen sein.

LOTTO

Die Neapolitaner, die an die Macht des Schicksals glauben, sind fanatische Lottospieler. Die Phantasie, wie an die „richtigen" Zahlen zu kommen sei, produzierte eine regelrechte Industrie von Zahlenorakeln und Ratgebern, wie man Träume, Ereignisse, Erlebtes interpretieren und in Zahlen umsetzen könnte. *Smorfie* werden diese Zahlenlisten genannt, eine Bezeichnung, die von Morpheus, dem Gott des Schlafs, hergeleitet wurde. Auf den Büchergrabbeltischen in der Altstadt finden Sie jede Menge illustrierte Bücher mit den *smorfie,* ein sehr neapolitanisches Kuriosum.

PIZZA

Die Pizza muss „so rund werden wie der Golf von Neapel und so dünn, dass die Mitte fast durchsichtig ist und an den Rändern ansteigt wie eine Meeresküste", so der neapolitanische Schriftsteller Domenico Rea. Doch das ist leichter gesagt als getan. Neben ihrer seit Generationen währenden Erfahrung haben die Pizzabäcker Neapels die besten Zutaten frisch aus dem Hinterland: so für die *pizza Margherita* die sonnensüßen Tomaten San Marzano und der sämige Büffelmozzarella oder *fior di latte* aus Kuhmilch, für die *pizza napoletana* dicke Sardellen und duftendes Oregano für die *pizza marinara.* Die Traditionsgilde „Associazione Verace Pizza Napoletana" schwört auf diese drei Pizzen als die einzig wahren. In Neapel wird jedes Jahr Ende September die Pizza mit einem großen Fest gefeiert *(www.pizzafest.info).* Als billiger Schnellimbiss tauchte der Mehlfladen im 18. Jh. auf den Straßen Neapels auf, allenfalls mit etwas Olivenöl und Oregano gewürzt. 1895 machten italienische Einwanderer die erste Pizzeria in Amerika auf. Heute ist die Pizza neben dem Hamburger weltweit der Imbiss schlechthin. Doch trotz Globalisierung: Am besten schmeckt sie nach wie vor in Neapel.

WEIHNACHTS-KRIPPEN

In den neapolitanischen Weihnachtskrippen werden Karten gespielt, Fische und Gemüse feilgeboten, Wäsche gewaschen. Kinder und Hunde balgen sich, man sieht Kamele, Hühner, selbst Eidechsen. Das alles spielt sich ab vor Kulissen aus Häusern, Ruinen, Felsen unter blauem Himmel mit Wölkchen und hübschen Engeln. Wonach man im Gewühl richtig suchen muss, ist der eigentliche Anlass für diese Inszenierung: Maria, Josef und das Jesuskind in seiner Krippe. Mit dem Bourbonen Karl III. explodierte diese Kleinkunst, jede Kirche, jede Familie wollte ihre Krippe, und was als Ansporn zu frommer Beschäftigung mit dem Thema Christi Geburt gedacht war, wuchs sich aus

Zentrum der Krippenwerkstätten ist die Via San Gregorio Armeno in Neapels Altstadt

zu „einem kollektiven Wahnsinn" (Dario Cecchi). Hunderte von Kunsthandwerkern arbeiteten das ganze Jahr über. Die einen waren fürs Gemüse zuständig, andere für die Tiere. Große Künstler wie Sammartino und Vaccaro schufen wunderbare Figuren. Man kann sie im Museum San Martino bewundern. Tatsächlich ist die Krippenkunst ein weiteres Zeugnis für die Lust am Leben und an der Selbstdarstellung der Neapolitaner.

LAUT, BUNT UND LEBHAFT

Religiöse Inbrunst und lärmende Begeisterung prägen den Festkalender

OFFIZIELLE FEIERTAGE

1. Jan. Neujahr *(Capodanno)*; **6. Jan.** Dreikönigstag *(Epifania)*; **Ostersonntag und -montag** *(Pasqua* und *Pasquetta)*; **25. April** Befreiung vom Faschismus *(Liberazione)*; **1. Mai** Tag der Arbeit *(Festa del Lavoro)*; **2. Juni** Tag der Republik *(Proclamazione della Repubblica)*; **15. Aug.** Mariä Himmelfahrt *(Ferragosto)*; **1. Nov.** Allerheiligen *(Ognissanti)*; **8. Dez.** Mariä Empfängnis *(Immacolata Concezione)*; **25. Dez.** Weihnachten *(Natale)*; **26. Dez.** *(Santo Stefano)*

FESTE UND VERANSTALTUNGEN

Botti, botti, sempre botti – Knaller, Knaller, immer Knaller – ist das Motto der Neapolitaner, gleich, was es zu feiern gibt: Höllenlärm zu Weihnachten, Silvester, zum Fest des Schutzpatrons und wenn der Fußballverein Napoli gewinnt; dazu überall improvisierte Straßenmärkte mit Knallern und Raketen aus Werkstätten und Heimarbeit.

Ostern

In der *settimana santa* ziehen vielerorts *Prozessionen* durch die Straßen, die eindrucksvollsten am Karfreitag auf Procida und in Sorrent. Am Ostermontag fahren die Familien in Scharen raus zum Picknick – dem großen Resteessen – an den Strand, in den Wald, auf die Wiese.
Am Ostermontag wird in der Wallfahrtskirche Sant'Anastasia (eindrucksvolle Sammlung von Votivbildern, eine Chronik des Unglücks von Piratenüberfällen des 16. Jhs. bis zu heutiger Drogenabhängigkeit) nahe Pomigliano d'Arco am Fuß des Vesuvs beim *Lunedì in Albis* die *Madonna dell'Arco* gefeiert, mit Volksauflauf und den weiß gekleideten, ekstatisch-frommen Pilgergruppen *fujenti*.

Mai

Maggio dei Monumenti: An den Wochenenden öffnen in Neapel und Umgebung Villen, Klöster, Paläste, Kirchen, Gärten für Kunstevents. Dazu am dritten Wochenende *Napoli-Strit-Festival:* internationale Straßenkünstler in den Gassen der Altstadt.

> EVENTS FESTE & MEHR

Ende Mai
Regata dei Tre Golfi: eine Woche lang traditionelle Segelregatta bei Capri

Sonntag nach dem 22. Juni
★ *I Gigli* in Nola bei Neapel: Acht riesige, bunte Türme tanzen auf den Schultern der Mitglieder der alten Handwerksgilden durch die Gassen.

24. Juni
★ *San Giovanni Battista* in Buonopane auf Ischia. Auftakt ist am Vorabend der symbolische Schwerttanz „'ndrezzata".

Juni, Juli, September
Festival Musicale di Ravello (www.ravellofestival.it): seit Wagner Ort musikalischer Leidenschaften, reiches Konzertprogramm

Ende Juni/Anfang Juli
Leuciana Festival: in Capua, Caserta und San Leucio, der bourbonischen Seidenstadt, Theater, Ballett, Konzerte, am letzten Juniwochenende historisches Fest der Seidenspinner

Ende Juli
Neapolis (www.neapolis.it): Openairfestival mit hochkarätigen Rockstars aus Neapel, Italien und dem Ausland in der Arena Flegrea in Fuorigrotta/Neapel

Zweite Julihälfte
Opern in den Antiche Terme Romane von Baia *(www.infocampiflegrei.it)*

15. Aug.
Ferragosto, der Höhepunkt des italienischen Sommers, ist überall und für alle ein Fest.

Ende August
Le Notti del Mito: In der spektakulären Grottendisko Il Ciclope bei Marina di Camerota wird das Ende des Sommers mit einer phantastischen Party in mythologischen Kostümen gefeiert.

September
Um den 8. (Mariä Geburt) viele *Marienprozessionen;* außerdem der Monat der *Schlemmerfeste* (Wein, Kastanien etc.)

> FINGERFOOD ALLA NAPOLETANA

Auf fruchtbarer Lavaerde gedeihen Obst und Gemüse das ganze Jahr über

> Kaum eine andere Gegend Italiens ist von der Natur so großzügig bedacht worden wie Kampanien. Vor den Toren Neapels breitet sich die *campania felix* aus, das „glückliche Land".

Hier liegen die sorgfältig gepflegten Felder aus dunkler, satter Vulkanerde, auf denen das ganze Jahr über unzählige Sorten von Gemüse und Obst gedeihen: Artischocken, Broccoli, *cime di rapa,* eine Art Stängelkohl, die typisch kampanischen *friarielli,* ein leicht bitteres Blattgemüse, kleiner grüner Spargel, Paprika, Auberginen, Zucchini, jede Art von Salat und Kohl.

Über allem aber steht die Tomate: die großen, hellroten Fleischtomaten aus Sorrent, ideal als Salat und in der *caprese,* dann die kleinen, süßen Kirschtomaten, die *pomodorini del piennolo,* die auf der fruchtbaren Erde rund um den Vesuv am aromatischsten gedeihen und büschelweise

Bild: Piazza Duomo, Neapel

ESSEN & TRINKEN

an der Sonne getrocknet werden und derart den Pizzabelag, die Bruschetta, den Tomatensud würzen. Inbegriff der Tomate aus der *campania felix* sind aber die birnenförmigen *San Marzano,* aus denen der *sugo* oder die *pummarola,* wie die Neapolitaner sagen, bereitet wird. *Pummarola* kommt auf Spaghetti und Maccheroni, *bucatini, fusilli, vermicelli, scialatelli, cavatelli* und wie die kurzen und langen Pastasorten alle heißen. Man kocht Fisch in *pummarola* genauso wie Fleisch, und auf der Pizza darf der rote Saft natürlich auch nicht fehlen. Oliven, Kapern, Oregano, Knoblauch, Peperoncino, Basilikum sind die Würzmittel.

Neben den Tomaten spielt natürlich die Pasta eine entscheidende Rolle. Die klassischen hiesigen Sorten sind die *maccheroni della zita,* dicke, lange Spaghetti, die großen Spiralnudeln *tortiglioni* und vor allem die kurzen, breiten Röhrennudeln *paccheri.*

Das Meer bestimmt die Küstenküche mit Sardellen *(alici),* mit Meerbarbe *(triglia),* Drachenkopf *(scorfano),* Barsch *(cernia),* Goldbrasse *(dorata),* Schwertfisch *(pesce spada),* Seezunge *(sogliola),* Makrele *(sgombro),* mit Tintenfisch *(calamare, seppia),* Krake *(polipo),* vor allem aber mit Miesmuscheln *(cozze)* und den geliebten Venusmuscheln *(vongole veraci).* Eine echte Delikatesse sind die Sardellen aus Cetara an der Amalfiküste wie auch aus Pisciotta an der Küste des Cilento. Insider Tipp

Neben Schwein *(maiale)* und Rind *(manzo)* isst man vor allem im Cilento gerne Zicklein *(capretto)* und Lamm *(agnello)* und auf Ischia –

SPEZIALITÄTEN

Genießen Sie die typisch neapolitanische Küche!

alici marinate – rohe, in Zitrone marinierte Sardellen, als Vorspeise

all'acqua pazza – „in verrücktem Wasser", Fisch in Tomatensauce

alla pizzaiola – Fleisch in Tomatensauce mit Knoblauch und Oregano

babà – in Rum getränktes Hefegebäck

calzone – Tasche aus Pizzateig, die mit Schinken, Mozzarella, Ricotta und Parmesan gefüllt wird

caponata – süßsaurer Gemüseeintopf aus Auberginen, Paprika, Tomaten und Zwiebeln

caprese – berühmteste Sommerspeise Italiens: Mozzarella, Tomaten, Basilikum (Foto)

gattò Santa Chiara – Ofeneintopf aus Kartoffeln, Ei, Schinken, Käse

impepata di cozze – Miesmuscheln mit Zitrone, Petersilie und frisch gemahlenem schwarzem Pfeffer

mozzarella in carozza – paniertes, frittiertes und mit Mozzarella gefülltes Sandwich

parmigiana di melanzane – Gratin aus Auberginenscheiben, Tomaten, Mozzarella, mit Parmesan überbacken

pastiera – der süße Kuchen Neapels mit Ricotta, gekochten Weizenkörnern, kandierten Früchten, Eiern und Gewürzen

polipi affogati – in Tomatensud „ertrunkene" kleine Kraken

robba mischiata – gefüllte Teigtaschen, paniertes Gemüse, frittierte Reisbällchen

sfogliatelle – Blätterteigteilchen mit einer Füllung aus Ricotta, kandierten Früchten, Vanille und Zimt

spaghetti alle vongole – mit kleinen Venusmuscheln, Knoblauch, Petersilie

totani e patate – Eintopf aus Tintenfischen und Kartoffeln

zucchine a scapece – frittierte Zucchinischeiben, mit einem Schuss Essig und Minze kalt angemacht aber nicht nur hier – Kaninchen *(coniglio).* Auch Büffelfleisch erfreut sich wachsender Beliebtheit. Gemüse wird in Öl eingelegt, gefüllt, gegrillt, mit Zitrone, Knoblauch und Peperoncino gewürzt. Aber auch die Pasta wird mit Gemüse angemacht.

Ganz wichtig ist in Kampanien Süßes, in jeder *pasticceria* wird Ihnen das Wasser im Munde zusammenlaufen, und sogar Auberginen werden hierzulande, mit Schokoladensauce überzogen, als Dessert serviert. Wichtige Zutaten sind kandierte Früchte und vor allem Ricotta, der Frischkäse aus Kuh- oder Schafmilchmolke.

Überhaupt gibt es in Kampanien ein paar ausgezeichnete Käsesorten. König ist sicherlich der Mozzarella aus Büffelmilch *(di bufala),* locker, saftig und sahnig, ein Gedicht und in nichts zu vergleichen mit dem knautschigen Supermarktmozzarella. Andere frische Käse sind der *scamorza,* den man gern geräuchert oder gegrillt isst, und der hellgelbe *provolone,* mit dem man häufig Pizzataschen füllt. Und zu allem passt das köstlich-kräftige Landbrot. Für den kleinen Hunger zwischendurch können Sie sich auch in einer *rosticceria* oder *tavola calda* mit *robba mischiata* auf die Hand versorgen: Fingerfood *alla napoletana.*

Kampanien hat natürlich auch seine eigenen Weine, und das schon seit 3000 Jahren. Von den Hängen des Vesuvs kommen weiße und rote Weine, die den dramatischen Namen *Lacryma Christi* tragen, Träne des Christus. Exzellente kampanische Weißweine sind *Fiano di Avellino* und *Greco di Tufo* oder der *Bianco d'Ischia.* Während der frische Fiano gut zu Fisch und vor allem Meeresfrüchten passt, trinkt man den fruchtigen, oft leicht moussierenden Greco di Tufo gern als Aperitif.

Ob Ristorante oder Pizzeria: Draußen sitzen können Sie im Süden fast immer

Vollmundige kampanische Rotweine sind *Taurasi* und *Falerno* (den Letzteren gibt es auch weiß). Eher schlicht, aber gleichwohl gut ist der leicht moussierende *Gragnano.*

Zu den regionalen Likören zählen der *limoncello* oder *limoncino* aus Zitrone, genauer: aus der besonders dicken Schale der typischen Amalfizitrone, *limone sfusato* genannt, und der Magenbitter *amaro Strega* aus Benevent; die Walnüsse aus den hiesigen Nussbaumplantagen sind dessen Grundzutat. Und krönender Abschluss einer jeden Mahlzeit ist natürlich ein *caffè.*

KERAMIK, KORALLEN, KULINARIA

Jeder Ort, jeder Stadtteil pflegt sein eigenes Handwerk

> Traditionelles und modernes Kunsthandwerk, Kleidung, Kulinarisches, edler Schmuck, schicke Mode, Ramsch, Hehlerware: Diese Ecke Süditaliens rund um den Golf von Neapel scheint eine einzige Fundgrube zu sein.

KULINARIA

Etwas Bodenständiges bietet Gragnano, ein Städtchen über dem Golf von Neapel am Beginn der Sorrentinischen Halbinsel, der in ganz Italien berühmt für seine exzellente Hartweizenpasta ist. Sie bekommen sie in Lebensmittelläden und in den lokalen Supermärkten.

Insider Tipp

Unter den Kulinaria kann man als Souvenir auch in Öl oder Essig eingelegte Gemüse – Auberginen, Zucchini, Pilze, Artischocken – mitnehmen, die *sott'oli* bzw. *sott'aceti*. Oder das gute Olivenöl aus dem Cilento. Und überall bekommt man den *limoncello*, den köstlich frischen Zitronenlikör.

KUNSTHANDWERK

Jedes Stadtviertel, jeder Ort in Kampanien hat sich auf ein über Generationen gewachsenes Handwerk spezialisiert. Etwa in Neapels *centro storico* entlang der Haupttrasse Spaccanapoli: Da gibt es Straßen voller Juweliergeschäfte, Straßen mit Musikinstrumenten, mit Buchläden, mit herrlich verkramten Papiergeschäften, Läden mit künstlichen Blumen aus Papier, Wachs, Seide, Straßen mit Antiquitäten und sogar eine komplette Straße fast nur mit Krippenfiguren, die Via San Gregorio Armeno, die sich zur Weihnachtszeit in einen bunten Basar verwandelt.

Positano an der Amalfiküste kreiert eine eigene Sommermode aus bunten, luftigen Stoffen, dazu auch handgemachte Sandalen und Espadrilles. Im chaotischen Küstenstädtchen Torre del Greco dreht sich alles um die Kunst, aus Korallen und Muscheln Schmuck und Gemmen zu schnitzen.

In Amalfi und Tramonti hingegen hat die Tradition fein geschöpften Papiers über-

> EINKAUFEN

lebt, ein wunderbares Mitbringsel, da leicht zu transportieren. Und in Sorrent blüht nach wie vor die Kunst der Holzintarsienlegerei: Da gibt es Schachteln und Kästchen, Tabletts, Bilderrahmen und vieles mehr.

Vasen und Geschirr aus Keramik und Majolikakacheln gehören zum Traditionshandwerk an der Küste (Vietri sul Mare) und auf den Inseln (Ischia). Die blüten- und kräutergeschwängerte Luft Capris inspirierte zu allerlei aromatischen Parfums, die im Labor Carthusia auf Capri aus lokalen Blumenessenzen hergestellt werden.

In San Leucio bei Caserta mit seinen wunderbaren Seidenmanufakturen, von denen heute immerhin noch acht existieren – mit über 600 Beschäftigten –, bekommen Sie allerschönste Stoffe. Vieles geht heutzutage nach Übersee, in reiche arabische und südamerikanische Haushalte.

MÄRKTE

Ob zum Kaufen oder nur zum Schauen: Ein Vergnügen sind die Märkte, bunte Schauplätze an Gemüsen, Früchten, Fisch, Kleidern, Haushaltswaren, etwa die täglichen Straßenmärkte in Neapel an der Porta Nolana und der Porta Capuana; dann der Antiquitäten- und Trödelmarkt jedes dritte Wochenende im Monat am Stadtpark Villa Comunale; schließlich der riesige tägliche Secondhandmarkt am Corso Resina in Ercolano, eine wahre Fundgrube für Klamotten aus den Siebzigern.

NEAPEL-SOUVENIRS

Bei *Napolimania* in der Via Toledo 312 gibt es jede Menge Souvenirs, die ironisch mit den Klischees der Stadt spielen: geistreiche Graffitisprüche oder die versiegelte Konservendose „Aria di Napoli" mit der Luft von Neapel, für masochistische Nostalgiker und von wahrlich anderer Beschaffenheit als die Blütendüfte Capris. Oder gar ein rotes Hörnchen gegen den *malocchio,* den bösen Blick?

Insider Tipp

> KASTELLE, KATAKOMBEN UND PRALLES LEBEN

Neapel fasziniert über wie unter seiner bewegten Erde

KARTE IN DER HINTEREN UMSCHLAGKLAPPE

> Ein bisschen Herzklopfen hat man ja vor dem Besuch der Stadt: Wird man sich im Chaos zurechtfinden? Hat man abends noch Handtasche und Fotoapparat? Große Wachsamkeit ist angeraten, das weiß auch die Polizei, die gerade in der Altstadt von Neapel und in der Nähe der Sehenswürdigkeiten besonders häufig patrouilliert. Neben ruppigem Chaos und Schmutz stehen ausgesuchte Freundlichkeit, herzliches Lachen, lauschige Plätze, strahlendes Blau von Himmel und Meer, Düfte von *caffè,* süßem Gebäck und Pizza, schwungvolle Pracht und tief verwurzeltes Kulturbewusstsein. Neapel hat aber auch eine hochmoderne Seite: Im Osten erheben sich gläserne Hochhäuser, und ein Faible für zeitgenössische Kunst zeigt sich auf Plätzen, in U-Bahn-Stationen, in neuen Museen und schicken Galerien.

Bild: Blick auf Hafen und Vesuv

NEAPEL

Napoli, die Hauptstadt der Region Kampanien, ist die drittgrößte Stadt Italiens. Zehnmal so dicht besiedelt wie Florenz, zählt sie 1 Mio. Ew., schwillt aber mit den wild zersiedelten Peripheriezonen auf 3 Mio. an. Im dichten Geflecht verbergen sich allein 300 Kirchen, zahllose Paläste, Burgen, Klöster. Jede Epoche, jede Herrschaft hat ihre Insignien hinterlassen: mittelalterliche Kastelle und gotische Kirchen, denen die Pracht des Barocks der Gegenreformation ein neues Gesicht verlieh. Im 18. Jh., als Neapel eine der glänzendsten und bedeutendsten Städte Europas war, ließ der „gute König Karl" das prächtige Theater San Carlo, gewaltige Residenzen wie Capodimonte oder vor den Stadttoren Caserta und Portici errichten. Zeitgleich entstand die riesige Armenherberge Albergo dei Poveri.

Sie sollten die nicht sehr weitläufige, verkehrsberuhigte Innenstadt mit ihren im Gassengewirr versteckten Sehenswürdigkeiten am besten zu Fuß erkunden. Bei den in der Innenstadt gelegenen Sehenswürdigkeiten verzichten wir daher auf eine Angabe der Verkehrsverbindung. Busse (C 57, R 2, R 24) fahren auf den größeren Arterien, die die Altstadt flankieren. Die Standseilbahnen helfen, in die höher gelegenen Stadtviertel zu gelangen. Die zentrale Achse *Spaccanapoli* teilt das *centro storico* in zwei Teile (*spaccare* = spalten) und heißt auf dem Stadtplan Via Benedetto Croce/Via San Biagio dei Librai.

Eine weitere Orientierungslinie ist die *Via Toledo,* Prachtstraße zur Zeit der spanischen Vizekönige und heute eine der Hauptgeschäftsstraßen der Stadt: Von der einstigen Reggia Capodimonte führt sie hinab gen Meer und flankiert die chaotischen Viertel Sanità zur Linken, Quartieri Spagnoli zur Rechten (hier müssen Sie besonders gut auf Tasche und Fotoapparat aufpassen). Dann berührt die Via Toledo an der Piazza Dante die historische Altstadt und erreicht schließlich den Palazzo Reale an der Piazza del Plebiscito.

Das Castel Nuovo, das Neue Schloss, hat auch schon 700 Jahre auf dem Buckel

Am Meer liegt das Viertel Santa Lucia; von den Uferstraßen Via Nazario Sauro und Via Partenope blicken die großen, luxuriösen Traditionshotels auf den Felssplitter des Castel dell'Ovo. Im Norden und Westen der Stadt breiten sich die Viertel von „Napoli bene" aus, das großbürgerliche ▶▶ *Chiaia-San Ferdinando* mit stattlichen Wohnhäusern und ein paar netten Hotels, edlen Läden, der eleganten Piazza dei Martiri und vielen Szenelokalen oder das höher gelegene, etwas anonymere Viertel *Vomero* mit der beliebten ▶▶ Piazza Vanvitelli sowie das feine *Posillipo* mit seinen Villen überm Meer.

Für den Bummel ein Tipp: Oft säumen alte Adelspaläste die Gassen, schauen Sie also in jedes offene, meist stattlich gerahmte Portal – häufig überraschen sie mit wunderbaren Innenhöfen und Treppenhäusern.

SEHENSWERTES

CAPPELLA SANSEVERO [U D3]

Der neapolitanische Totenkult findet in der Rokokokapelle des Fürsten und Alchimisten Raimondo di Sangro seinen ästhetischen Höhepunkt im marmorverschleierten Christus von Giuseppe Sammartino (1753). In der Krypta das Zeugnis eines makabren Experiments: das versteinerte Arteriengeflecht zweier Toter, vermutlich zweier Bediensteter, denen der wahnsinnige Raimondo bei lebendigem Leib eine verhärtende Flüssigkeit in die Adern gespritzt haben soll. *Mo und Mi–Sa 10–17.40, So 10–13 Uhr | Via de Sanctis 19 | www.museosansevero.it*

CASTEL NUOVO [U D5]

Von Karl I. von Anjou Ende des 13. Jhs. gebaut, daher auch *Maschio Angioino* genannt. Die Übernahme der Herrschaft durch die Spanier versinnbildlicht der wunderbare *Renaissancebogen* (1453–1470). Sehenswerte Innenausstattung mit Gemälden und Kapelle, der *Cappella Palatina* sowie der prachtvollen *Sala dei Baroni,* in der heute der Stadtrat tagt. *Mo–Sa 9–19.30 Uhr | Piazza Municipio/ Via Vittorio Emanuele III | Metro 1: Municipio*

CASTEL DELL'OVO/ BORGO MARINARI [U D6]

Ein mythischer Ort auf dem Inselchen vor der Stadt: Vergil soll ein Ei in die Mauern des Kastells *(Mo–Sa 8.30–18, So 8.30–14 Uhr)* eingebaut haben, begleitet vom Orakel, dass Neapel so lange bestehen wird, wie dieses Ei unversehrt bleibt. Der Zugang zur Burg – heute aufwendig restauriert und Kongresszentrum – er-

MARCO POLO HIGHLIGHTS

★ **Museo Nazionale di San Martino**
Quirliges Leben im Kleinformat: die Krippensammlung des Klosters (Seite 36)

★ **Napoli Sotterranea**
Neapels Unterwelt: griechische Zisternen und römische Vorratshöhlen (Seite 36)

★ **Cuma**
Hier orakelte die berühmte griechische Seherin Sibylle (Seite 44)

★ **Chiostro delle Clarisse**
Laubengänge mit Bänken aus farbenprächtigen Majoliken (Seite 39)

★ **Museo Archeologico Nazionale**
Herrliche Mosaiken und Malereien aus Pompeji (Seite 35)

★ **Museo e Gallerie Nazionali di Capodimonte**
Die reiche Kunstsammlung gilt als „Louvre am Vesuv" (Seite 36)

folgt über einen kleinen Brückendamm. Der Burg zu Füßen liegt der *Borgo Marinari,* einst eine Fischersiedlung, heute lebhafter Treffpunkt mit ▶▶ Cafés und exklusiven Yacht- und Ruderclubs. *Busse R 3, 140*

CASTEL SANT'ELMO [U C4]

Vom dritten Kastell, einer sternförmigen Festung aus der Zeit der Anjou am Ostrand des Vomeroplateaus, haben Sie einen wunderbaren Blick auf den Golf. Vor der Burg liegt das große Kartäuserkloster *Certosa di San Martino* (heute Museum, siehe dort). *Do–Di 9–18.30 Uhr | Via Tito Angelini | Funicolare Montesanto*

> LOW BUDGET

- *Funicolari* bringen den Überblick: Fahren Sie für nur 1 Euro mit einer der Schienenseilbahnen *(Montesanto* [U C3], *Centrale* [U D5], *Chiaia* [U B5]*)* hinauf zum Stadtteil Vomero für einen phantastischen Ausblick.
- Eine grüne Ruheoase im lärmenden Chaos ist der *Klostergarten von San Gregorio Armeno (*[U E3], *Mo–Sa 9 bis 12 Uhr).* Sie müssen klingeln, um eingelassen zu werden, aber es kostet keinen Eintritt.
- Insider Tipp: Kunst im Untergrund: In den neuen *U-Bahn-Stationen Dante, Museo, Materdei, Salvator Rosa* der Linie 1 unter der Altstadt können Sie tolle Arbeiten internationaler Künstler wie Joseph Kosuth, Nicola de Maria oder Jannis Kounellis bestaunen.
- Gut und billig satt werden: *Robba mischiata,* so heißen frittierte Reisbällchen *(arancini),* mit Mozzarella gefüllte Teigküchlein (*panzarotti* oder *rustici*), ausgebackene Zucchini und Auberginen und vieles mehr zum Mitnehmen zwischen 1 und 4 Euro, z.B. in der Altstadt bei *Da Matteo (Via Tribunali 94)* oder bei *Timpani e Tempura (Vico delle Querce 17), beide* [U E3].

DUOMO SAN GENNARO [U E3]

Im Innern des über die Jahrhunderte reich ausgestatteten Doms (Anfang 14. Jh.) hütet eine prächtige Barockkapelle die Blutreste des Stadtpatrons San Gennaro, die sich zweimal im Jahr, im Mai und im September, wundersamerweise verflüssigen. Unterm Dom zeigen *Ausgrabungen (Mo bis Fr 9–12 und 16.30–19, Sa/So 9 bis 12 Uhr)* Reste des griechischen, römischen und mittelalterlichen Neapel. Im *Dommuseum (Di–Sa 9–18.30, So 9–19 Uhr)* werden in Wechselausstellungen die Kostbarkeiten des reichen Domschatzes vorgeführt. *Via Duomo | Metro 2: Piazza Cavour*

GALLERIA UMBERTO I [U D5]

Die typische, elegante Einkaufspassage der Großstädte Ende des 19. Jhs. *Via Toledo/Via San Carlo | Busse C 25, R 2, R 3*

GESÙ NUOVO [U D3]

Gesù Nuovo war die Kirche der Jesuiten Neapels. 1584 gebaut, ist sie ein mächtiges Beispiel neapolitanischen Barocks. Ihre düstere Diamantenquaderfassade ist der Rest eines Adelspalastes. *Piazza del Gesù Nuovo*

KATAKOMBEN

Hinter der Basilica della Madre del Buon Consiglio auf dem Weg hinauf nach Capodimonte geht es hinunter in den mit Fresken ausgemalten unterirdischen Friedhof der ersten Christen, in die *Catacombe di San Gennaro (Einlass Di–So 9, 10, 11, 12 Uhr | Tondo Capodimonte |* [U D1] *| Bus 24 ab Piazza Dante)*. Unweit liegen weitere Katakomben unter der sehenswerten Kirche Santa Maria della Sanità: *Catacombe di San Gaudosio (Führungen tgl. 9.30, 10.15,*

Perfektion der Antike und Funde aus Pompeji: Museo Archeologico

11, 11.45, 12.30 Uhr | Via della Sanità | [U D2]*)*. Sie stammen aus dem 5. Jh. n.Chr. Ein kleiner Knochenfriedhof *(Sa 10–13 Uhr | Via Tribunali 39 |* [U E3]*)* findet sich unterhalb der Kirche *Santa Maria delle Anime del Purgatorio ad Arco* in der Altstadt.

MUSEO ARCHEOLOGICO NAZIONALE ★ [U D2–3]

Beispiellose Sammlung antiker Kunst und Kultur des Mittelmeerraums vom 8. Jh. v. bis zum 5. Jh. n. Chr. aus der zweiten Hälfte des 18. Jhs., einer Zeit, in der das Interesse an antiker Archäologie und Kunst Europa wie ein Fieber durchzog. Neapel stand mit den Ausgrabungen von Herculaneum und Pompeji im Mittelpunkt dieses Interesses. Zu den Höhepunkten aus Pompeji, Herculaneum und Stabiae gehören die Skulpturen und vor allem die kunstvollen Mosaiken und Fresken, wunderbar zarte Landschafts- und Porträtmalereien aus den pompejanischen Villen. Außerdem darf man (Mindestalter zwölf Jahre) ins *Gabinetto Segreto,* die jahrelang unter Verschluss gehaltene Sammlung erotischer Darstellungen aus den Freudenhäusern Pompejis – fein und unmissverständlich! Nach dem Museumsbesuch lädt die gegenüberliegende *Galleria Principe di Napoli* im Jugendstil zum Bummel und vielleicht auch einem Snack ein. *Mi–Mo 9–19.30 Uhr | Piazza Museo | Metro 1: Museo*

MADRE UND PAN

Hinter diesen zwei Abkürzungen stecken die beiden neuen, aufregenden Sammlungen zeitgenössischer Kunst in schick restaurierten Palazzi inmitten der Altstadt. Im *Museo d'Arte Contemporanea Donna Regina (So/Mo und Mi/Do 10–21, Fr/Sa 10–24 Uhr | Via Settembrini 79 |* [U D2] *| Metro 2: Piazza Cavour | www.museomadre.it)* stellt die internationale Künstlerelite der letzten 40 Jahre aus – darunter Joseph Beuys, Andy Warhol, Richard Serra, Jeff Koons, Mimmo Paladino. Und mit dem *Palazzo delle Arti di Napoli (Mo/Di und Do/Fr 9–17, Mi 9–14 Uhr | Via dei Mille 60 |* [U C5] *| Busse C 22, C 24, C 25, C 28 | www.palazzoartinapoli.net),* dem Forum für neue, lebendige Kunst aus Neapel, koppelt sich die Stadt an die kulturelle Gegenwart an.

MUSEO E GALLERIE NAZIONALI DI CAPODIMONTE ★ [U D1]

Der strenge, rotgraue Palast hoch über der Stadt beherbergt die hochkarätige Gemäldesammlung der Bourbonenkönige von italienischen Meistern wie Tizian, Mantegna, Caravaggio und vielen anderen, von Niederländern wie Pieter Brueghel, kurz: eine der reichsten Pinakotheken Italiens. Höhepunkt ist ein Salon ganz aus Porzellan, ein Werk der legendären Porzellanmanufaktur von Capodimonte. Im gepflegten Park voller Palmen spazieren am Sonntag die Familien. Dahinter dehnt sich ein Wald aus, die grüne Lunge der Stadt und Joggerparadies. *Do–Di 8.30 bis 19.30 Uhr | Bus 24 ab Piazza Dante, Bus 110 vom Bahnhof*

MUSEO NAZIONALE DELLA CERAMICA [U B5]

Auf dem Vomero liegt inmitten des herrlichen Parks Villa Floridiana diese klassizistische Villa voller Kostbarkeiten aus Porzellan, Elfenbein, Korallen, Glas. *Mi–Mo 8.30 bis 13.30, Park tgl. 9 Uhr–1 Std. vor Sonnenuntergang | Via Cimarosa 69 | Funicolare Chiaia*

MUSEO NAZIONALE DI SAN MARTINO ★ [U C4]

Der Blick, der Garten, die phantastischen neapolitanischen Krippen im Museum sowie die historischen Ansichten zu Neapel und dem Golf, dann die Sakristei, die Klosterkapelle und der Kreuzgang: alles triftige Gründe für den Besuch des imposanten Kartäuserklosters San Martino (14. Jh.), gut mit der Standseilbahn zu erreichen. *Do–Di 8.30–19.30 Uhr | Largo San Martino | Funicolare Montesanto*

NAPOLI SOTTERRANEA (UNTERIRDISCHES NEAPEL) ★ [U E3]

„Napoli Sotterranea" steht über einem versteckt in einem Seitengäss-

> CAMPANIA CARD

Ermäßigter Eintritt für Kampaniens Kulturschätze

Ein gutes Sparangebot ist dieser Touristenpass für drei bzw. sieben Tage Dauer, mit dem man je nach Kombination (13, 25, 28 Euro, junge Leute Preisnachlass) fast alle Museen und Ausgrabungsstätten in Neapel und der gesamten Region Kampanien gratis bzw. zum reduzierten Preis besuchen kann, inklusive öffentlicher Verkehrsmittel und Archäobusse. Man erhält sie in den Touristenbüros, an Bahnhöfen und am Flughafen, in den Museen und in vielen Hotels. Bedenken Sie vor dem Erwerb, dass EU-Bürger bis 18 und ab 65 Jahren freien Eintritt in alle staatlichen Museen und Sehenswürdigkeiten haben (18–25 Jahre 50 Prozent Ermäßigung, Personalausweis!). *www.campaniartecard.it*

Zisternen, Tunnel, Höhlen: ein bizarrer Besuch in Neapels „Unterwelt"

chen der Via Tribunali liegenden Portal. Hier steigt man hinab in Neapels Unterwelt, ein Labyrinth aus Tunneln, Zisternen, Vorratskellern, Kanalisationsgalerien, Höhlen, die schon die Griechen und Römer in den Lavatuff unter der Stadt getrieben hatten – jüngst hat man sogar die Reste eines griechisch-römischen Theaters entdeckt –: unterirdische Steinbrüche, aus deren Tuffquadern man die oberirdischen Häuser baute und die zuletzt als Müllgruben und im Krieg als Luftschutzkeller dienten. *Zweistündige Führungen, auch in Deutsch, Mo–Fr 12–16, Do auch 21, Sa/So 10–18 Uhr | Piazza San Gaetano 68 | www.napolisotterranea.org*

PALAZZO DELLO SPAGNOLO [U D2]

Im Rione Sanità, einem der chaotischen Viertel im historischen Zentrum, stehen besonders interessante Beispiele für die kühne spätbarocke Architektur des großen Architekten Ferdinando Sanfelice (1675–1748), der mit seinen *scale aperte,* den offenen Treppenhäusern, Schule machte, allen voran der Palazzo dello Spagnolo gegenüber der ebenfalls sehenswerten Kirche *Padri della Missione* vom ebenso berühmten Architekten Luigi Vanvitelli. Als Anzeichen für neuen Wind in den alten Vierteln befinden sich im ersten Stock des Palazzos das Kindertheater *I Teatrini (Tel. 081 19 56 76 74 | www.iteatrini.it)* mit einem Handpuppenmuseum und im zweiten Stock die international renommierte Avantgardegalerie *Fondazione Morra* Insider Tipp *(Mo bis Fr 10–19 Uhr | www.fondazionemorra.org). Largo dei Vergini 19 | Metro 2: Piazza Cavour*

PIAZZA DEL PLEBISCITO/ PALAZZO REALE [U D5]

An der großartigen klassizistischen *Piazza del Plebiscito,* im 19. Jh. Aufmarsch- und Festplatz, heute Flanier-, Spiel- und Konzertstätte, liegt der große Königspalast, der *Palazzo Reale.* Er wurde 1602 zur Zeit der spanischen Vizekönige von Domenico Fontana gebaut. 1727 entstand das prächtige Treppenhaus. Im Palast sind Gemächer, Hoftheater, eine Gemäldesammlung und Gärten zu besichtigen *(Do–Di 9–20 Uhr)*. Gegenüber beeindruckt die dem Pantheon nachempfundene Kuppelkirche *San Francesco di Paola* (19. Jh.). | *Busse C 25, R 2, R 3*

POSILLIPO UND MARECHIARO [O]

An Neapels Bucht entlang gen Südwesten geht es hinauf ins traditionelle Villenviertel ☘ *Posillipo:* Refugium des wohlhabenden Bürgertums, der Neureichen und der alten Adelsfamilien, die ihre Paläste im chaotischen Stadtinnern längst verlassen haben. Die Villen liegen in verwunschenen Gärten am Hang des Monte Posillipo bis hinunter ans Meer. Ihnen vorgelagert ist die hochromantische Halbruine ☘ *Palazzo Donn'Anna.* Alles sehr privat, auch der Zugang zum Meer. Ein paar öffentliche, exklusive Strandbäder gibt es. An Posillipo schließt sich der ehemalige Fischerort Marechiaro an mit romantischen ☘ Fischrestaurants bei grandiosem Blick über den Golf, darunter *Da Cicciotto (tgl. | Calata Ponticello a Marechiaro 32 | Tel. 08 15 75 11 65 | www.trattoriadaciciotto.it | €€)*. Unterhalb Posillipos bei der Discesa Coroglio kommt man an die griechischen Gründungsspuren von Pausilypon: die *Grotte von Seiano (Di–Sa 9–13 Uhr, anmelden unter Tel. 08 12 30 10 30)*, ein mächtiger, 700 m langer Tunnel durch das Tuffgestein verbindet mit den Resten eines griechischen Theaters und antiker Villen. Die ☘ Buslinie 140 fährt die Posillipoküste entlang.

SAN DOMENICO MAGGIORE [U D3]

Die elegante Barockkirche beherbergt zahlreiche Grabmäler neapolitanischer Könige (Anjou, Aragón) und des Adels. *Piazza San Domenico Maggiore*

Klassizistisch: die Piazza del Plebiscito mit der Kirche San Francesco di Paola

SAN LORENZO MAGGIORE [U E3]
Eine stattliche Kirche in französischer Gotik. Sehenswert sind auch die *Ausgrabungen*, die in den Fünfzigerjahren des 20. Jhs. unter der Kirche entdeckt wurden: auf griechischen Mauerresten eine gut erhaltene römische Ladenstraße mit Backstube, Weinkneipe und den Resten eines Marktplatzes. *Ausgrabungen Mo–Sa 9–17.30, So 9–13.30 Uhr | Piazza San Gaetano*

SANTA CHIARA [U D3]
1943 bei Bombenangriffen schwer beschädigt, wurde die große, eindrucksvolle Klosterkirche im ursprünglichen, französisch-gotischen Stil wieder aufgebaut. Im Innern liegen zahlreiche Könige und Adlige begraben. Das Grab von Robert von Anjou ist das größte Grabmal des Mittelalters. Im Hof des Kreuzgangs bezaubert der ★ *Chiostro delle Clarisse*, ein Klostergarten mit majolikagekachelten Sitzbänken, duftenden Zitronen- und Orangenbäumen und schönen Laubengängen – eine Oase für müde Touristen und Mütter mit Kleinkindern. Im Vorraum zum Garten kann man eine riesige Weihnachtskrippe aus dem 18./19. Jh. voll prallen Lebens bestaunen. Angeschlossen ist zudem das *Museo dell'Opera di Santa Chiara* mit Kunstwerken und Ausgrabungsstücken. *Klostergarten und Museum Mo–Sa 9.30–18.30, So 9.30–14 Uhr | Via Benedetto Croce/Via Santa Chiara 49 c | www.santachiara.info*

TEATRO SAN CARLO [U D5]
Weltberühmter, wunderschöner Tempel des Melodramas, 1737 nahe beim Königspalast errichtet. Auch heute renommiertes Programm. *Führungen tgl. 9–19 Uhr | Infotel. 081 66 45 45 | Via San Carlo 93 | Busse C 25, R 2, R 3*

Majolikapracht unter Zitrusbäumen: Kreuzgang im Kloster Santa Chiara

ESSEN & TRINKEN

CAFÉS, PASTICCERIE, GELATERIE
Das Traditionscafé schlechthin ist *Gambrinus (Piazza Trento e Trieste |* [U D5]*)*; den besten *caffè* – schwören die Neapolitaner – gibts an derselben Piazza *(Nr. 46)* im *Caffè del Professore.* Insider Tipp Im Sommer sitzt man in den Cafés im *Borgo Marinari* [U D6] unter dem Castel dell'Ovo; sehr chic das ▶▶ *Gran Caffè La Caffettiera* an der schönen *Piazza dei Martiri* [U C5] in Chiaia, sehr trendy das ▶▶ *Culti Spa Café (Via C. Poerio 47 |* [U C5] *| www.culti.it)* mit Hammam, Shop, Café, Cocktails, Brunch und Dinner. Neapels berühmteste Konditoreien

sind *Scaturchio (Piazza San Domenico Maggiore* | **[U D3]**) und *Pintauro (Via Toledo 275* | **[U D4]**). Junge Leute treffen sich bis spätabends an den Eispavillons am Ufer von Mergellina **[U A6]**, vor allem im *Chalet Ciro (Mi geschl. | Via Caracciolo)*.

AMICI MIEI **[U D5]**

In dem einladenden Lokal nahe der Piazza del Plebiscito trifft man sich nach dem Theater zu schmackhaften Fleischgerichten. *So-Abend und Mo geschl. | Via Monte di Dio 77 | C 25, R 2, R 3 | Tel. 08 17 64 60 63* | €€

CANTINA DI SICA **[U B4]**

Ein gemütliches Lokal mit guten Weinen für den Besuch der Sehenswürdigkeiten auf dem Vomero. *Mo geschl. | Via Bernini 17 bis | Funicolare Centrale, Funicolare di Chiaia | Tel. 08 15 56 75 20* | €

GEORGE'S **[U B5]**

Eine atemraubende Aussicht bietet dieses elegante Restaurant im Grand Hotel Parker's. *Tgl. | Corso Vittorio Emanuele 135 | Metro 2: Piazza Amedeo | Tel. 08 17 61 24 74 | www.grandhotelparkers.it* | €€€

RADICI **[U C5]**

Eine Seltenheit in Neapel: stylish, kreative Küche, exzellente Whiskyauswahl. *So und mittags geschl. | Riviera di Chiaia 268 | Busse 140, R 3 | Tel. 08 12 48 11 00 | www.ristoranteradici.it* | €€–€€€

SBRESCIA **[U A6]**

Oben im feinen Posillipo ein beliebtes Fischrestaurant mit phantastischer Aussicht auf den Golf. *Mo geschl. | Rampe Sant'Antonio a Posillipo 109 | Metro 2: Mergellina | Tel. 081 66 91 40* | €€

TAVERNA DELL'ARTE **[U E3]**

Im Univiertel: sehr beliebt, sehr einladend. Reservieren! *Mittags und So geschl. | Rampa San Giovanni Maggiore 1 a | Tel. 08 15 52 75 58* | €–€€

TERRAZZA CALABRITTO **[U C6]**

Im Chiaiaviertel mit Blick aufs Meer sitzt man elegant bei reichhaltigem Gemüsebuffet, hausgemachter Pasta und superfrischem Fisch. *Mo geschl. | Piazza Vittoria 1 | Busse 140, R 3 | Tel. 08 12 40 51 88 | www.terrazzacalabritto.it* | €€

HOSTERIA TOLEDO **[U D4]**

Dem Trend zur Aufwertung der Quartieri Spagnoli folgt diese einladende Trattoria mit guter neapolitanischer Küche. *Di-Abend geschl. | Vico Giardinetto a Toledo 78 a | Bus R 2 | Tel. 081 42 12 57 | www.hosteriatoledo.it* | €–€€

TRIANON **[U E3]**

Familien an langen Tischen bei ausgezeichneter Pizza. *Tgl. | Via Pietro Colletta 42 | Tel. 08 15 53 94 26* | €

EINKAUFEN

Ein touristischer Höhepunkt nicht nur zur Weihnachtszeit sind die Krippenläden und -werkstätten an der *Via San Gregorio Armeno* **[U E3]**. Die ganz edlen Modegeschäfte (alle **[U C5]**) verteilen sich auf die *Via Chiaia, Via dei Mille, Via Calabritto, Piazza dei Martiri* in Chiaia-San Ferdinando. Elegantes finden Sie auch in der *Galleria Umberto I* (**[U D5]** *Via Toledo/*

Via San Carlo). Außerdem gibt es jede Menge Stadtteilmärkte mit Lebensmitteln, Haushaltswaren, Kleidung.

ÜBERNACHTEN

Insider Tipp

Immer mehr Besitzer großer Altstadtwohnungen bieten stilvolle B-&-B-Zimmer an (€–€€), eine gute Möglichkeit, die Stadt von einer persönlicheren Seite kennenzulernen. *www.hotel.portanapoli.com; www.bb-napoli.com; www.rentabed.it*

B & B CAPPELLA VECCHIA **[U C5]**

In Chiaia bei der Piazza dei Martiri sechs komfortable, moderne Zimmer, ofenwarme *sfogliatelle* zum Frühstück. *Vico Santa Maria a Cappella Vecchia 11 | Bus 140, R 2, R 3 | Tel. 08 12 40 51 17 | www.cappellavecchia11.it* | €–€€

CHIAJA HOTEL DE CHARME **[U D5]**

In der ersten Etage eines Innenstadtpalazzos nahe der Piazza del Plebiscito und mit der Atmosphäre einer großen Nobelwohnung. *27 Zi. | Via Chiaia 216 | Bus R 2 | Tel. 081 41 55 55 | Fax 081 42 23 44 | www.hotelchiaia.it* | €€

IL CONVENTO **[U D4]**

Geschmackvolles, kleines Hotel nahe der zentralen Via Toledo. *14 Zi. | Via Speranzella 137 a | Bus R 2 | Tel. 081 40 39 77 | Fax 081 40 03 32 | www.hotelilconvento.com* | €€–€€€

COSTANTINOPOLI 104 **[U D3]**

Ein reizendes, kleines Hotel in einer Villa mit verträumtem Garten und Pool nahe Piazza Bellini, eine Oase im Stadtchaos. *19 Zi. | Via Santa Maria di Costantinopoli 104 | Tel. 08 15 57 10 35 | Fax 08 15 57 10 51 | www.costantinopoli104.com* | €€€

Stilvolles Shoppen verheißt die klassizistische Galleria Umberto I

DIMORA SANT'ELIGIO **[U E4]**

Zwischen Hafen und Piazza Mercato, neu und geschmackvoll eingerichtet, mit Dachterrasse. *12 Zi. | Via Bernardino Rota 36/39 | Bus R 2 | Tel. 081 20 27 85, Fax 08 15 63 75 44 | www.dimorasanteligio.it* | €

HOSTEL OF THE SUN **[U E4]**

Freundlich und sauber, mit Internet und Küche für Selbstversorger. Fünf 3-, 4- und 6-Bett-Zimmer, ein Doppelzimmer. *Via Melisurgo 15 | Busse C 25, R 2, R 3 | Tel./Fax 08 14 20 63 93 | www.hostelnapoli.com* | €

NAPOLIT'AMO/CENTRO TURISTICO [U D4]
Zwei frische Herbergen unter einer Leitung: das *Centro Turistico* im ersten Stock eines alten Stadtpalazzos *(13 Zi. | Via Toledo 148 | Bus R 2 | Tel./Fax 08 15 52 36 26 | €),* das *Albergo Napolit'amo* nahe dem Rathaus *(17 Zi. | Via San Tommaso d'Aquino 15 | Bus R 2 | Tel./Fax 08 14 97 71 10 | €–€€). www.napolitamo.it*

PALAZZO ALABARDIERI [U C5]
Neues, feines Hotel in altem Palazzo im eleganten Chiaiaviertel. *33 Zi. | Via Alabardieri 38 | Bus R 2 | Tel. 081 41 52 78 | Fax 081 19 72 20 10 | www.palazzoalabardieri.it* | €€€

SAN FRANCESCO AL MONTE [U C4]
Herrlich am Hügel von San Martino gelegenes, stilvolles Komforthotel in den Mauern eines Klosters aus dem 15. Jh. Phantastischer Blick, Restaurants, Pool. *44 Zi. | Corso Vittorio Emanuele 328 | Funicolare Centrale | Tel. 08 14 23 91 11 | Fax 08 12 51 24 85 | www.sanfrancescoalmonte.it* | €€€

Piazza Bellini im Dämmerlicht: Der stimmungsvolle Platz ist ein beliebter abendlicher Treff

AM ABEND
Die warmen Abende begünstigen das Flanieren und Eisessen am Lungo-

mare. Die Freaks sitzen auf der *Piazza San Domenico Maggiore* [U D3] in der Altstadt; Touristen, Kreative und Alternative gehen zur lauschigen Insider Tipp *Piazza Bellini* [U D3]. Eine ▶▶ Ausgehszene hat sich im Viertel Chiaia um die *Piazza dei Martiri* [U C5] entwickelt, auf dem Vomero trifft man sich in der ▶▶ *Vintage Wine Bar (Via Bernini 37 a* | [U B4]*)* nahe der Piazza Vanvitelli. Ein exzellenter Klassiker unter den Musikclubs mit Livemusik ist *Up Stroke (Via Coroglio 128* | [0]*)* in Bagnoli. Sommerdiskos finden sich an den Stränden von Bacoli, Pozzuoli und Baia. Manche Restaurants bieten neapolitanische Livemusik, so am Wochenende der schöne Insider Tipp *Salone Margherita (Via Santa Brigida 65/66* | [U D5] | *www.salonemargherita.net)*.

Ein erhebendes Erlebnis ist eine Oper, ein Konzert oder ein Ballett im prachtvollen *Teatro San Carlo* [U D5] *(Karten tgl. 10–19 Uhr | Via San Carlo 98 f | Tel. 08 17 97 24 12 | Fax 081 40 09 02 | www.teatrosancarlo.it)*. Auch in manchen Kirchen und Palazzi werden klassische Konzerte Insider Tipp gegeben, z.B. die exzellenten Konzerte antiker neapolitanischer Musik des *Centro Musica Antica Pietà de' Turchini* in der Kirche *Santa Caterina da Siena (*[U C5] | *Via Santa Caterina da Siena 38 | Tel. 081 40 23 95 | www.turchini.it)*. Programminformationen in der Tagespresse, z.B. in „Il Mattino“.

FÄHREN

Die Schiffe (Tragflügelboote und Autofähren, *www.caremar.it, www.alilauro.it*) zu den Inseln und nach Sorrent starten vom *Porto Turistico Mergellina* [U A6] und vom *Molo Beverello* [U D5] beim Castel Nuovo sowie von Pozzuoli. In den Sommermonaten verkehren Schnellboote *(www.metrodelmare.it)*, die Neapel mit den Orten an der Amalfi- und an der Cilentoküste verbinden.

AUSKUNFT

STADT NEAPEL

Piazza Gesù Nuovo [U D3], *Tel. 08 15 51 27 01 | www.inaples.it);* außerdem: Touristeninformation der Stadt *(Osservatorio Turistico | Piazza del Plebiscito unter den Kolonnaden* [U D5] | *Tel. 08 12 47 11 23)*. Überall erhalten Sie die Informationsbroschüre „Qui Napoli“ in Italienisch/Englisch mit aktuellen Öffnungszeiten der Sehenswürdigkeiten, Ausstellungskalender, Fahrplänen der Fähren und Nahverkehrszüge.

PROVINZ NEAPEL UND INSELN

Im Hauptbahnhof [U F3] | *Tel. 081 26 87 79; Piazza dei Martiri 58* [U C5] | *Tel. 081 40 53 11 | www.eptnapoli.info*

ZIELE IN DER UMGEBUNG

CAMPI FLEGREI (PHLEGRÄISCHE FELDER) [122 B–C 4–5]

Auch wenn die „brennenden Felder“ rund 15 km westlich Neapels längst nicht mehr überall dampfen und zischen, veranschaulichen die Solfatara von Pozzuoli, Kraterseen, Ruinen und rissige Wohnhäuser die Unruhe im Erdinnern dieses Gebiets. Von Neapel aus sind sie gut mit der Metro oder der Bahn Ferrovia Cumana e Circumflegrea zu erreichen. Im chaotischen Siedlungsbild von *Pozzuoli* (75 000 Ew.) lassen sich eindrucksvolle Reste aus der Zeit ausmachen, als die Stadt als römischer Hafen diente: die Ruinen der gewaltigen römischen Marktanlage *Macellum,* an deren Säulen man die bradyseismischen Bewegungen, das Heben und Senken der Erde, ablesen kann. Außerdem das riesige *Anfiteatro Flavio (Mi–Mo 9 Uhr–1 Std. vor Sonnenuntergang)* von 79 n. Chr.

Wegen der Erdbewegungen musste 1970 die malerische, auf einem Felssporn vorgelagerte Altstadt Pozzuolis geräumt werden. Seither hat man hier im Rione Terra mit Ausgrabungen begonnen, die eine gut erhaltene römische Stadt zutage fördern, die Sie teils besichtigen dürfen *(Sa/So 9–18 Uhr | Largo Sedile di Porto).* Am östlichen Stadtrand liegt die *Solfatara (tgl. 8.30–19 Uhr),* ein 770 m breiter, flacher Krater, noch postvulkanisch aktiv: heiße, blubbernde Schlammpfützen und Dampfquellen, die *fumarole,* aus denen Kohlendioxid und Schwefeldioxid entweichen. Bei der *Fumarola Bocca Grande* befinden sich Reste römischer Thermalbäder. An manchen Stellen ist der Boden sehr heiß, man sollte sich an den vorgeschriebenen Umlauf halten. Auskunft: *Via Campi Flegrei 3 | Tel. 08 15 26 24 19 | www.infocampiflegrei.it*

Die Küstenstraße gen Westen führt am 133 m hohen *Monte Nuovo* entlang. Auch der düstere *Lago d'Averno* ist ein Kratersee. Berg und See stehen unter Naturschutz, zum Wandern und Picknicken. Im Süden beginnt die Landspitze Miseno mit dem Fischerort *Baia,* in der Antike als mondäner Badekurort berühmt, wovon die sehenswerten römischen *Thermalanlagen (Parco Archeologico di Baia | Via Sella di Baia 22 | Di–So 9 Uhr–1 Std. vor Sonnenuntergang)* zeugen. Am Strand standen die luxuriösen Badevillen der römischen Patrizier, die längst im Meer versunken sind. Man kann Mauerreste und Mosaikfußböden auf dem Meeresgrund durch den durchsichtigen Rumpf des Ausflugsbootes *Cymba (Abfahrten Sa/So 10, 12, 15 Uhr | 10 Euro | Anmeldung am Infopoint im Hafen von Baia | Handy 34 94 97 41 83 | www.baiasommersa.it)* bewundern. Im *Kastell* (16. Jh.) von Baia, auf einer römischen Kaiservilla errichtet, sind Fundstücke aus den Villen und Thermen ausgestellt, wunderbare Statuen, die man auf dem Meeresboden fand *(Di–So 9 Uhr–1 Std. vor Sonnenuntergang).*

Insider Tipp

Im Rücken Baias dehnt sich der von Kanälen aus dem Meer gespeiste *Lago del Fusaro* aus, auf dem der berühmte Architekt Luigi Vanvitelli das restaurierte Jagdschlösschen *Casina del Fusaro* bauen ließ. In *Bacoli* weiter südlich lohnt die gewaltige *Piscina Mirabile (tgl. 9 Uhr–1 Std. vor Sonnenuntergang | Wärterin um Einlass bitten | Trinkgeld)* eine Besichtigung, die größte erhaltene Zisterne der Antike, die 12 000 m^3 Wasser fasste.

Wieder zurück nach Norden, der Halbinsel von *Capo Miseno* (Strände) den Rücken zukehrend, gelangen Sie nach ★ *Cuma,* dem griechischen Kyme (8. Jh. v. Chr.), erste Festlandsiedlung der Griechen, heute eine romantische, herrlich über dem Meer gelegene Ruinenlandschaft mit der sagenumwobenen Orakelgrotte der Sibylle (6. Jh. v. Chr.). Zur archäologischen Anlage gehören Reste eines Amphitheaters, ein eindrucksvoller Wehrtunnel und eine Akropolis *(tgl. 9 Uhr–2 Std. vor Sonnenuntergang).*

CAPUA/SANTA MARIA CAPUA VETERE [122–123 C–D1]

In dem 33 km nördlich von Neapel gelegenen Städtchen Capua (18 000 Ew.) ist der Besuch des *Museo Campano (Di–Sa 9–13.30, So 9–13 Uhr | Via Roma | www.capuaonline.net/museocampano)* im schönen Palazzo Antignano (15. Jh.) ein Muss: wegen seines außerordentlich reichen Bestands an Fundstücken und Kunstwerken aus der Antike, vor allem aber wegen seiner einzigartigen Insider Tipp Sammlung großer Votivstatuen aus Tuffstein: Mütter mit Wickelkindern im Arm (7.–1. Jh. v. Chr.) aus dem 1870 ausgegrabenen italischen Fruchtbarkeitsheiligtum Mater Matuta. Zu sehen sind außerdem die eindrucksvollen Statuen des einst vom Stauferkaiser Friedrich II. erbauten Stadttors von Capua.

6 km nordöstlich erhebt sich die *Basilika Sant'Angelo in Formis* von 1073. Ihr dreischiffiges Inneres ist mit mittelalterlichen, gut erhaltenen Fresken großartig ausgemalt. Insider Tipp Danach geht es weiter zum enormen römischen *Amphitheater* von *Santa Maria Capua Vetere (Di–So 9–16 Uhr)* sowie zum *Museo dei Gladiatori,* das den Skulpturenschmuck des Amphitheaters zeigt, und zur Mithraskultstätte *Mitreo (beide Piazza I Ottobre | Di–So 9–20, im Winter bis 18 Uhr).*

Im Amphitheater Santa Maria Capua Vetere: gut erhaltene Raubtiergruben

> IM SCHATTEN DES VESUVS

Handfestes römisches Leben und Villen aus zwei Jahrtausenden

> Mehr als 2 Mio. Menschen besuchen alljährlich Pompeji, und jedes Jahr werden es mehr – auch in Herculaneum. Ein Ansturm, den die beiden fragilen Ruinenstädte kaum verkraften, und auch mit der Restaurierung kommt man kaum nach.

Dabei liegt der Reiz von Pompeji und Herculaneum gerade in ihrer phantastischen Erhaltung, durch die sie wie keine andere Stätte des Altertums das Alltagsleben der antiken Vorfahren konkret veranschaulichen. Ein Leben, das immerhin 2000 Jahre zurückliegt und uns andernorts meist nur durch Gräber und ihre kostbaren Beigaben sowie Ruinen von Repräsentativbauten zugänglich ist. Hier hingegen läuft man über die intakten Straßen und Gassen, die das Gelände schachbrettartig durchziehen, gesäumt von Läden, Werkstätten, Backstuben, Wohnhäusern. Gepflastert sind die Straßen mit Lavasteinplatten, in die die Wagen der alten Römer

Bild: Lavaweg auf den Vesuv

HERCULANEUM & POMPEJI

tiefe Rillen gegraben haben. Da und dort brechen aus den hohen Bürgersteigen die Bleirohre der antiken Wasserleitung hervor.

Stuckdekorationen, Wandbemalungen und Reste von Mosaikfußböden zeugen von ausgeprägtem Schönheitssinn. Die Leuchtkraft des berühmten Rots von Pompeji wird der Tatsache zugeschrieben, dass man dem mit einer Kalk- und Seifenlösung vermischten Pigment Wachs beifügte und die Malerei an der Wand mit Poliersteinen glättete.

Zum Alltag gehört auch die Freizeitgestaltung: Neben einigen Theatern und dem riesigen Amphitheater zeugen davon vor allem die Sportplätze, die große *palaestra,* in der die jungen Männer Sport trieben, die öffentlichen Bäder, die Thermen, aber auch die Bordelle, die *lupanare.*

Der Ausbruch des Vulkans begann – nach jahrhundertlanger Ruhe – am

24. August 79 n. Chr. mit heftigen Erdstößen. Explosionsartig brach der Gipfel des Bergs auf, gewaltige dunkle Rauchwolken senkten sich nieder, und in schnell aufeinander folgenden Eruptionen prasselten glü-

Das antike Herculaneum liegt unmittelbar unterhalb der heutigen Stadt Ercolano

hend heiße Asche, Gesteinsbrocken und *lapilli,* zu Bimsstein gehärtete Lavateilchen, auf die über 10 km entfernt liegenden Städte nieder.

Zwei Tage lang herrschte totale Finsternis, bis sich am dritten Tag ein fahles, blasses Licht durch die aschige Wolkenluft kämpfte und der Himmel wieder aufklarte. Bilanz: Herculaneum war unter einer 20 m hohen Lavaschlammschicht begraben, Pompeji bedeckten 7 m Asche und Bimsstein. Die Zahl der Toten lässt sich kaum genau rekonstruieren, man schätzt sie auf rund 2000. Die üppige Landschaft voller Felder und Weingärten, deren fruchtbare Lavaerde dem Vulkan zu verdanken war, hatte derselbe Vulkan in eine Wüste verwandelt. Begraben und ausgelöscht wurde auch das antike Stabiae, mit dem die Halbinsel von Sorrent beginnt.

Beachten Sie, dass die Nummerierung auf den Plänen Seite 50 und 53 nur der Identifizierung der Häuser anhand der Karten dient; sie entspricht nicht der Nummerierung der Objekte vor Ort. *3-Tage-Sammelticket für Pompeji, Herculaneum, Villa Oplontis, Stabia, Boscoreale 20 Euro, EU-Bürger unter 18 und über 65 gratis, 18–25 10 Euro*

ERCOLANO (HERCULANEUM)

[124 B3] ★ **Zur Zeit des Ausbruchs lebten rund 5000 Menschen im antiken Herculaneum, das weniger ein geschäftiges Industriezentrum wie Pompeji als vielmehr der gepflegte Wohnsitz von Bürgern und Patriziern war und damals noch direkt am Meer lag.** Der 20 m hohe Lavaschlamm, der sich um jede Häuserwand, in jede Fugenritze gelegt hatte, versteinerte und zementierte die Stadt regelrecht ein, was auch ihre gute Konservierung erklärt, die noch viel besser ist als die von Pompeji: Hier haben sogar Möbel, Dachgebälk, Türen (siehe Haus Nr. 8 mit der Schiebetür) und Fachwerk aus Holz die Jahrtausende überstehen können. Heute allerdings ist das ein riesiges Problem, denn durch die Ausgrabungen wird das alte, ans Licht geholte Material nun Sauerstoff und Witterung ausgesetzt – und damit beginnt sein Verfall.

Über die Jahrhunderte vergaß man die im Lavagestein eingeschlossene Stadt, ein Tuffblock, auf dem sich im Mittelalter der Ort *Resina,* heute *Ercolano* genannt, entwickelte. Nach ersten Buddelversuchen unter Bourbonenkönig Karl III. begann man 1827, die Steinschichten abzutragen und ganze Häuser auszugraben, doch richtig wissenschaftlich wurde erst 100 Jahre später vorgegangen. Das hatte zur Folge, dass man die Häuser über der antiken Stadt zerstören musste, wogegen ihre Bewohner erbitterten Widerstand leisteten, der bis heute andauert, denn mindestens ein Drittel der antiken Stadt dient noch als Fundament der neuen. Im Gegensatz zu Pompeji nämlich, das sich auf flacher Ebene außerhalb der Neusiedlung ausdehnt, liegt das antike Herculaneum mitten unterhalb der heutigen Stadt, die nunmehr halb abgerissenen Häuser, die die antike Stadt von oben säumen, wirken wie eine zweite Ruinenschicht. Von der langen, rampenartigen Allee, die hinunter in die antike Stadt führt, hat man einen guten Überblick.

SEHENSWERTES

AUSGRABUNGEN

Durch die alte Stadtanlage zieht sich ein Straßenraster, bestehend aus drei schmalen Gassen, die von Süd nach Nord verlaufen, auf der Karte Cardo III, IV und V genannt, die wiederum

MARCO POLO HIGHLIGHTS

★ Ercolano
Phantastisch erhalten: antike Ruinen, Fresken und Mosaiken (Seite 49)

★ Villa dei Misteri
Was trieben die melancholischen Mädchen in der Villa der Geheimnisse in Pompeji? (Seite 52)

★ Villa Campolieto
Luxuriöse Aristokratenvilla des 18. Jhs. unter dem rauchenden Vesuv (Seite 55)

★ Villa Oplontis
In Torre Annunziata steht die vielleicht prächtigste Villa der römischen Kaiserzeit (Seite 54)

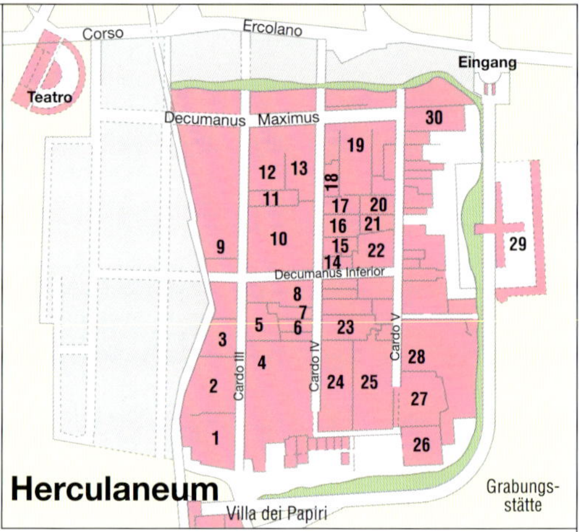

1 Haus des Aristides
2 Haus des Argus
3 Haus des Genius
4 Große Herberge
5 Haus des Skeletts
6 Haus des bronzenen Hermes
7 Haus mit dem Flechtwerk
8 Haus mit der hölzernen Scheidewand
9 Haus des Galba
10 Thermen
11 Haus der beiden Atrien
12 Heiligtum der Augustalier
13 Haus mit schwarzem Salon
14 Samnitisches Haus
15 Laden des Tuchhändlers
16 Haus mit den verkohlten Möbeln
17 Haus des Mosaiks von Neptun und Amphitrite
18 Haus mit dem schönen Hof
19 Haus der Zweihundertjahrfeier
20 Haus mit dem korinthischen Atrium
21 Haus mit dem Heiligtum aus Holz
22 Haus mit dem großen Portal
23 Haus mit dem Alkoven
24 Haus mit dem Mosaik-Atrium
25 Haus der Hirsche
26 Stadtrandthermen
27 Haus mit der Gemme
28 Haus mit dem Telephos-Relief
29 Palaestra
30 Aula superiore

von zwei breiteren Hauptstraßen gequert werden, dem *Decumanus Maximus* und dem *Decumanus Inferior*. An diesen holprig gepflasterten Straßen liegen mehrere Dutzend Häuser. Zu den besonders sehenswerten Gebäuden gehört die aufwendige Villenanlage *Case dei Cervi* (Haus der Hirsche am Cardo V, Kartennr. 25). Am südlichen Ende des Cardo V befinden sich auch die *Terme Suburbane* (Kartennr. 26), mit ihren Thermalanlagen, Wanddekorationen und Fußbodenmosaiken ganz besonders interessant. Am Cardo IV liegen die Häuser, in denen wundersamerweise noch einige Holzeinrichtungen erhalten sind, das *Haus Nr. 8* mit einer Trennwand aus Holz sowie das *Haus Nr. 16* mit verkohlten Möbeln. Wer die mühsame Anmeldung nicht scheut, kann einen weiteren Höhepunkt besichtigen, die *Villa dei Papiri* (Insider Tipp) *(nur Sa/So 9–12 Uhr mit Voranmeldung via Internet | www.arethusa.net)*. Berühmt wurde sie wegen ihres Skulpturenschmucks (heute im Nationalmuseum in Neapel) und weil man in ihr 1800 griechische Papyrusrollen fand (heute in der Nationalbibliothek). *Nov.–März tgl. 8.30–17, April–Okt. 8.30–19.30 Uhr | 11 Euro | Corso Resina | www.ercolanonline.it*

EINKAUFEN

MERCATO DI RESINA ▶▶

Ein berühmter Einkaufstipp ist dieser Markt *(tgl. 8–13.30 Uhr)* um die Via Pugliano mit z. T. tollen Secondhandklamotten, Theaterkostümen usw.

POMPEI (POMPEJI)

[124 C4] **In Pompeji trifft sich die halbe Welt, doch das antike Stadtgebiet ist weitläufig und früh in den ersten Morgenstunden noch einigermaßen leer.** Unter dem Asche- und Bimssteinregen 79 n. Chr. wurde eine große, schon damals sehr alte Stadt begraben. Die Pompejaner produzierten und handelten mit Wein, Öl, Oliven, Weizen, Stoffen, Wolle, Ziegeln und vielem mehr. Das heutige Pompeji (25 000 Ew.) entstand vornehmlich zur Zeit der ersten Ausgrabungen – vor allem um die Wallfahrtskirche *Santuario della Madonna del Rosario* von 1876 auf der großen Piazza herum, eine bedeutende Glaubensstätte (eindrucksvolle Gemeinschaftsgebete am 8. Mai und am ersten Oktobersonntag).

SEHENSWERTES

AUSGRABUNGEN

Man betritt die Ruinenstadt durch die *Porta Marina* und gelangt gleich in das Viertel mit den öffentlichen Gebäuden und Plätzen: dem *Tempel der Venus* und des *Apollon,* der großen, dreischiffigen *Basilika,* dem Versammlungsraum und Gerichtssitz sowie dem weitläufigen *Forum,* an dem Tempel und Märkte liegen.

Weiter geht es in die *Via dell'Abbondanza,* die antike Hauptgeschäftsstraße *Decumanus Maior,* mit ihren Wohnhäusern und Geschäften, mit den großen öffentlichen Bädern *Terme Stabiane* (es gibt noch zwei weitere Bäder), vor denen eine kleine Gasse links zu den Freudenhäusern *lupanare* führt. Rechts der Hauptstraße geht es ins Theaterviertel mit kleinem und großem *Theater,* der *Gladiatorenkaserne* und außerdem dem *Isistempel,* dessen zauberhafte, fast intakte Wandbemalungen im Nationalmuseum in Neapel zu bestaunen sind. Die Via dell'Abbondanza

Apollo-Tempel: Da gehts lang!

führt bis zum anderen Stadtende, der *Porta di Sarno,* vorbei an der Wollwäscherei und -färberei *Stephani* zum großen Sportplatz *palaestra* und zum riesigen *Amphitheater* mit seinen 20 000 Plätzen.

Vor dem Sportplatz geht es rechts zu den antiken Weingärten der Pompejaner, die man anhand von Malereien und Samenanalysen zu rekonstruieren versucht. In einem der Gärten, dem *orto dei fuggiaschi,* stößt man auf eine Glasvitrine, die die Gipsformen auf ihrer Flucht vom Aschenregen getöteter Menschen enthält, Männer, Frauen, Kinder in anrührender, Hilfe suchender Pose.

Insider Tipp

Im Südwestteil der Stadt gibt es die größte Anzahl an prächtigen Privatvillen, allen voran die große *Casa del Fauno* (die Originalstatue des tanzenden Fauns steht im Museum in Neapel) und die *Casa dei Vettii.*

Für einige sehenswerte Gebäude muss man sich – ohne Aufpreis – online anmelden unter *www.arethusa.net (Infotel. 08 18 57 53 47).* Das betrifft die *Casa del Menandro (Sa/So 14–16.30 Uhr),* die *Terme Suburbane (tgl. 10–13.30 Uhr),* die *Casa degli Amorini dorati* und die *Casa dell'Ara Massima (tgl. 9–18 Uhr).* Ein vorgegebener Spaziergang längs der Mauern um Pompeji ermöglicht einen tollen Blick auf die Ruinenstadt: *Percorso lungo le Mura*

Insider Tipp

Absolut sehenswert ist die ★ *Villa dei Misteri* etwas außerhalb des Areals im Südwesten. Da der Weg durch die Via dei Sepolcri mit ihren Grabmälern immer wieder geschlossen ist, gelangt man am besten von außen über die Straße zur Villa. Es braucht keine neue Eintrittskarte gelöst zu werden. Die schöne Landvilla im Grünen aus dem 2. Jh. v. Chr. hat ihr Geheimnis immer noch nicht preisgegeben: Was bedeutet das eigentümliche Treiben der Menschen, vor allem Frauen, ihre angespannte Stimmung auf den wunderbaren Fresken im Innern der Villa? Man vermutet die Vorbereitung auf ein dionysisches Initiationsritual.

Zur Schonung der Bodenmosaike und Fresken sind die Häuser nur in abwechselndem Turnus zugänglich. Hilfreich sind Audioguides bzw. Gratispläne mit Erklärungen, erhältlich am Eingang Piazza Porta Marina. *Nov.–März tgl. 8.30–17, April–Okt. 8.30–19.30 Uhr | 11 Euro | www.pompeji.de*

Villa dei Misteri: geheimnisvolles Treiben melancholischer Mädchen

ESSEN & TRINKEN

DA ANDREA

Hotelrestaurant mit großer Terrasse nahe der Ausgrabungsstätte, auch Pizza. *Tgl. | Via Plinio 52 | Tel. 08 15 36 34 98* | €–€€

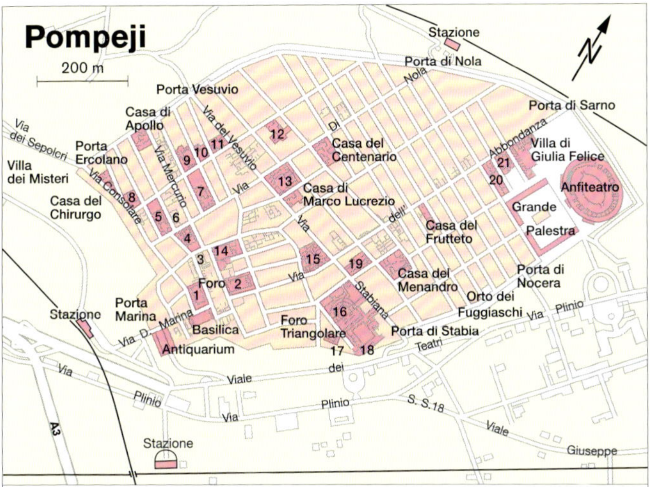

1 Tempio di Apollo
2 Edificio di Eumachia
3 Tempio di Giove
4 Terme del Foro
5 Casa di Pansa
6 Casa del Poeta tragico
7 Casa del Fauno
8 Casa di Sallustio
9 Casa del Labirinto
10 Casa dei Vettii
11 Casa degli Amorini dorati
12 Casa delle Nozze d'Argento
13 Terme centrali
14 Macellum
15 Terme Stabiane
16 Teatro Grande
17 Tempio dorico
18 Caserma dei Gladiatori
19 Casa del Citarista
20 Casa di Marcus Loretus Tiburtinus
21 Casa di Venere

IL PRINCIPE

Hier essen Sie gut und gepflegt mit Blick auf die Wallfahrtskirche. *Im Winter So-Abend und Mo geschl. | Piazza Bartolo Longo 8 | Tel. 08 18 50 55 66* | €€€

ÜBERNACHTEN

HOTEL FORUM

Freundliches Haus mit hübschen Zimmern gleich bei den Ausgrabungen. *35 Zi. | Via Roma 99 | Tel. 08 18 50 11 70 | Fax 08 18 50 61 32 | www.hotelforum.it* | €

AUSKUNFT

Via Sacra 1 und *Piazza Porta Marina Inferiore 11 | Tel. 08 18 50 72 55 | Fax 08 18 63 24 01 | www.pompeiisites.org, www.pompeiturismo.it*

ZIELE IN DER UMGEBUNG

BOSCOREALE [124 C3]

Ca. 3 km von Pompeji ein *Antiquarium* (Insider Tipp) mit interessanten Fundstücken und Rekonstruktionen zur antiken Landwirtschaft, dazu die Ruinen eines römischen Landgutes. *Nov. bis März tgl. 8.30–17, April–Okt. 8.30 bis 19.30 Uhr | Sammelticket Oplontis, Stabia, Boscoreale 5 Euro | Via Sette Termini 15*

CASTELLAMMARE DI STABIA [124 C4]

Die Betonmoderne hat das 6 km entfernte Städtchen, schon in der Antike ein Thermalbad, umwuchert. Ein Spaziergang (*Passeggiata Archeologica)* führt oberhalb des Orts zu den Ruinen von zwei herrlich gelegenen römischen Patriziervillen. *Nov.*

bis März tgl. 8.30–17, April–Okt. 8.30–19.30 Uhr | Sammelticket Oplontis, Stabia, Boscoreale 5 Euro

VESUVIO (VESUV)

[124 B–C3] **Auf das Konto des mit 12 000 Jahren noch jungen Vulkans gehen so verheerende Ausbrüche wie der von 79 n. Chr., der Pompeji, Herculaneum, Stabiae begrub, oder der von 1631, der rund um den Vulkan zahlreiche Ortschaften zerstörte – fast 4000 Menschen kamen dabei ums Leben.** Schlimm waren auch die Ausbrüche von 1906 und 1944. Heute raucht er kaum noch, doch unter dem 3 km tiefen Pfropfen aus verhärteter Lava, der den Schlund verstopft, brodelt in 5–7 km Tiefe das Magma. Die Aufspaltung in die heutigen zwei Gipfel, den vormaligen Monte Somma und den neuen Krater (1281 m), geschah beim Ausbruch von 79 n. Chr. Dass trotz seiner Gefährlichkeit die unmittelbare Umgebung so dicht besiedelt ist, liegt an der unglaublich fruchtbaren, lavagefütterten Erde. 600 000 Menschen leben in den Gemeinden am Fuß des Vulkans.

An den Krater gelangen Sie am bequemsten über die Straße von Ercolano aus, sie führt hinauf bis zu einem Parkplatz. Von hier sind es noch 25 Minuten zu Fuß über Lavaschotter mit Hilfe von Stützstöcken, die man mieten kann. Am Gipfel stehen Andenkenbuden und die Kasse, denn zum Kraterrand kommt man nur mit Führung *(tgl. 9 Uhr–2 Std. vor Sonnenuntergang | 6,50 Euro | www.guidevesuvio.it)*. Aus dem Schotter im Schlund sieht man vereinzelt Dampffahnen aufsteigen. Der Blick von hier oben ist überwältigend, doch empfiehlt sich der Aufstieg nur bei gutem, ruhigem Wetter. Der Vesuv ist heute ein Nationalpark mit 54 km ausgeschilderten Wanderwegen *(www.parconazionaledelvesuvio.it)*. An der Straße von Herculaneum auf den Vesuv liegt auch die seismologische Beobachtungsstation von 1841, das *Osservatorio Storico Vesuviano*, mit einer historischen Ausstellung *(Museo Vulcanologico | Sa/So 10–14 Uhr)*.

> LOW BUDGET

> Preiswert (2,30 Euro) und schnell (ca. 30 Minuten) nach Pompeji gelangen Sie mit dem Nahverkehrszug *Circumvesuviana (www.vesuviana.it)*, der zwischen Neapel und Sorrent pendelt. Der Zug hält auch in Ercolano und Torre Annunziata.

> Am ersten Märzwochenende sind alle Museen und Sehenswürdigkeiten, die zur *Campania Artecard (www.campaniartecard.it)* gehören, gratis zu besichtigen. Und Mitte Mai öffnen alle staatlichen Sehenswürdigkeiten Italiens *(www.beniculturali.it)* für eine Woche *(Settimana della Cultura)* gratis ihre Pforten. Das lohnt sich natürlich besonders für große, teurere Attraktionen wie Pompeji. EU-Bürger bis 18 und ab 65 Jahre kommen immer gratis hinein.

ZIELE IN DER UMGEBUNG

VILLA OPLONTIS ★ [124 C4]

Mitten in *Torre Annunziata*, einem dieser etwas schäbigen Städtchen

Marsch auf den Vulkan: Der Vesuvaufstieg erfolgt über einen Weg aus Lavaschotter

längs der Golfküste, liegt die wohl schönste Villa aus römischer Zeit, die durch den Vesuvausbruch 79 n. Chr. verschüttet wurde. Man muss sich vorstellen, dass dieser prächtige Landsitz mit seinen leuchtend ausgemalten Zimmern, den Innenhöfen, Bädern, Schwimmbecken und Gärten einst mit unverstelltem Blick aufs Meer inmitten üppiger, grüner Landschaft lag. Bislang sind knapp zwei Drittel ausgegraben. Die Anmut dieser gut erhaltenen Villa – einst soll sie Poppea, der Frau Neros, gehört haben – und die wenigen Touristen machen den Besuch zu einem Erlebnis. *Nov.–März tgl. 8.30–17, April bis Okt. 8.30–19.30 Uhr | Sammelticket Oplontis | Stabia | Boscoreale 5 Euro*

VILLE VESUVIANE **[124 B3]**

Was die römischen Patrizier getan hatten, gefiel auch der Aristokratie des Neapolitanischen Königreichs im 18. Jh.: sich in der lieblichen Landschaft mit Blick auf den Golf und den spektakulär prustenden Vulkan im Rücken luxuriöse Landvillen zu bauen. Karl III. ließ sich 1738 in *Portici* seine Landresidenz *Palazzo Reale* mit riesigen Parkanlagen und Jagdgründen errichten. Hunderte von Villen entstanden zwischen Portici und Herculaneum, man nannte die Strecke *Miglio d'Oro*. Von „Goldener Meile" kann heute wahrlich nicht mehr die Rede sein. Rund 120 Villen sind übrig geblieben, verwahrlost und eingekeilt im modernen, schäbigen Siedlungschaos.

Ein paar können Sie besichtigen, so in Herculaneum die schöne ★ *Villa Campolieto (Corso Resina 283)*. Der elegante, ellipsenförmige Portikus stammt von Stararchitekt Luigi Vanvitelli. Außerdem zu besichtigen sind die beiden nahen Villen *Villa Petti Ruggiero (Via A. Rossi 40)* und *Villa Favorita (Via D'Annunzio): alle Di–So 10–13 Uhr*. Im Juli werden in den Villen Konzerte und Tanz aufgeführt: *www.villevesuviane.net*

> DREI PERLEN IM GOLF

Mondänes Leben auf der Piazzetta von Capri, heilsame Quellen auf Ischia, Idyll unter Zitronenbäumen auf Procida

> Jede der drei Inseln im Golf birgt eine eigene Welt für sich, jede hat ihre eigene „Kundschaft". Im Sommer und an den Wochenenden überschwemmen Abertausende von Tagestouristen vor allem Capri. Man bewegt sich zu Fuß, mit Bussen, auf Ischia und Procida mit kleinen, knatternden Dreiradtaxis, auf Capri schnurren Elektrogepäckwägelchen durch die Gassen. In der MARCO POLO Reihe finden Sie für Capri wie für Ischia jeweils einen eigenen Band.

Bild: Corricella auf Procida

CAPRI

[124 A6] **Ein gerade 10 km² großer Felsblock aus hellem Kalkgestein vor der äußersten Landspitze der Sorrentinischen Halbinsel.** Zwei Orte liegen auf Hochplateaus, der Hauptort *Capri* mit seinen verwinkelten weißen Gässchen, den feinen Boutiquen, edlen Hotels und dem Hafen Marina Grande, wo die Fährschiffe anlegen; der zweite ist *Anacapri,* größer, verstreuter gele-

CAPRI ISCHIA PROCIDA

gen, ruhiger und nicht so mondän, schließlich schwieriger zu erreichen und damit weniger der Invasion der Tagesausflügler ausgesetzt. Schon die Römer bauten auf der Insel ihre Sommervillen, vom Reiz der Blumenmacchia, der Weitblicke, der bizarren Felsformationen wie der *Faraglioni* und des *Arco Naturale* verzaubert, aber auch von der Farbmagie der *Grotta Azzurra,* der Blauen Grotte.

SEHENSWERTES

ANACAPRI

Im dörflichen Anacapri (5300 Ew.) sollten Sie die Kirche ★ *San Michele (tgl. 9.30–17, Juli–Okt. bis 19 Uhr)* mit ihrem wunderschönen Mosaikfußboden aufsuchen sowie in traumhafter Panoramalage die 1896 erbaute *Sommervilla (Mai–Sept. tgl. 9–18, März, April und Okt. 9–17, Nov.–Feb. 9–15.30 Uhr | Via Capodimonte | www.sanmichele.org)* des

Erleben Sie ein blaues Wunder: Kahnpartie in die Grotta Azzurra

schwedischen Arzts und Schriftstellers Axel Munthe; heute ist sie auch Schauplatz sommerlicher Konzerte. Eine basarartige Einkaufssgasse führt zu Villa.

Spaziergänge mit schönen Ausblicken führen auf den *Monte Solaro* (589 m), auch mit dem Sessellift zu erreichen, zur mittelalterlichen Einsiedelei *Santa Maria a Cetrella*, einem Marienheiligtum, oder zum *Belvedere della Migliara* über steiler Felsküste. Hier gibt es schmackhafte Landküche, fünf hübsche Zimmer und einen Pool bei *Da Gelsomina alla Migliara (im Winter Di geschl. | Tel./Fax 08 18 37 14 99 | www.dagelsomina.com | €€).*

Insider Tipp

Baden und gut essen können Sie z. B. in der Badeanstalt *Lido del Faro (www.lidofaro.com)* in einer Felsenbucht beim Leuchtturm an der *Punta Carena*, dem Südwestzipfel (zu Fuß oder mit Pendelbus), oder in der besonders feinen Badeanstalt *Lido Nettuno (www.nettunocapriclub.com)* neben der Blauen Grotte. Gegenüber, in *Marina Piccola* (dank der Südlage sonniger als Marina Grande), liegen auf Felsplatten und ein paar Flecken Sand einige exklusive Strandbäder.

CAPRI

Vom Hafenörtchen *Marina Grande* – mit seinen Piers für die Fährschiffe, für Ausflugsboote und Yachten, mit ein paar Cafés, Restaurants und einem schmalen Sandstrandstreifen – geht es zu Fuß über eine Treppengasse hinauf in den Kern von Capri (2200 Ew.) oder mit der schnellen Standseilbahn (hier Gepäckaufbewahrung für Tagesausflügler). Ortsmittelpunkt ist die berühmte *Piazzetta* (Piazza Umberto I) voll hübscher, teurer Cafés. Tagsüber drängen sich hier die Tagesausflügler, abends wird sie zum charmanten Treffpunkt der Dauergäste, des Jetsets und der Einheimischen. Im verwinkelten Ort besticht die Mischung aus mediterranem Gassengewirr und eleganten Hotels, Lokalen und Geschäften, vor allem in der *Via Camerelle* mit ihren edlen Boutiquen und Schmuckläden. Ein Einkaufstipp sind die Zitronenparfums von *Carthusia – Profumi di Capri (Viale Parco Augusto 2 | www.carthusia.com),* einer alteingesessenen Duftfabrik.

Zu den Sehenswürdigkeiten gehört das *Kartäuserkloster San Giacomo,* eine eindrucksvolle Klosteranlage aus dem 14. Jh., die heute für Kulturveranstaltungen genutzt wird. Im Refektorium zeigt eine Dauerausstellung *(Di–So 9–14 Uhr | Piazzetta Certosa San Giacomo)* die gewaltigen Gemälde des Münchner Malers Karl Wilhelm Diefenbach, außerdem vier römische Statuen, die aus der Blauen Grotte gefischt wurden. Beim Panoramagarten *Giardini di Augusto* beginnt die berühmte *Via Krupp,* ein steiler Serpentinenpfad, den Alfred Krupp 1902 in die Steilküste schlagen ließ. Er schlängelt sich über 1,4 km zur beliebten Badebucht *Marina Piccola* hinunter. Hier ragen aus dem Meer die *Faraglioni* genannten Felsbrocken empor, die Wahrzeichen Capris.

Von den zwölf Villen, die sich Kaiser Tiberius zwischen 27 und 37 n. Chr. auf Capri bauen ließ, als er von hier aus das Römische Weltreich regierte, war die *Villa Jovis (tgl. 9 Uhr–1 Std. vor Sonnenuntergang | auf der Ostspitze, ausgeschildert)* die prächtigste. Von ihr ist auch das meiste an Mauerresten, Zisternen und Thermen übrig geblieben. Ein Spaziergang (40 Min.) führt zu den herrlich exponiert liegenden Ruinen, vorbei an üppigen Villengärten.

GROTTA AZZURRA ★

Die Blaue Grotte mit ihren eindrucksvollen Farbreflexen durch Lichtfilterungen ist die wohl berühmteste Grotte der Welt. Sie erreichen sie von Anacapri entweder mit dem Bus oder zu Fuß auf einem nicht ganz unbeschwerlichen Weg (ca. 45 Minuten). Am Steg besteigt man ein Ruderboot. Von Marina Grande fahren Motorboote zur Grotte, dann geht es ebenfalls weiter im Ruderboot. *Tgl. 9 Uhr–Sonnenuntergang | im Winter wegen Seegang nicht immer zugänglich | mit Anfahrt von Marina Grande insgesamt ca. 19 Euro*

ESSEN & TRINKEN

LA PERGOLA

Westlich der Piazzetta in Capri gepflegtes Ambiente und frischer Fisch auf toller Aussichtsterrasse.*Im Winter Mi geschl. | Via Traversa Lo Palazzo 2 | Tel. 08 18 37 74 14 | €€–€€€*

WINE BAR PULALLI

Bei gutem Wein und leckeren Kleinigkeiten sitzt man auf der stimmungs-

MARCO POLO HIGHLIGHTS

★ San Michele
Capris riesiges Fußbodengemälde aus Majolika (Seite 57)

★ Negombo
Thermalanlage mit meditativer Zenstimmung (Seite 62)

★ La Mortella
Exotisch-mediterranes Gartenparadies auf Ischia (Seite 62)

★ Grotta Azzurra
Capris weltberühmte Blaue Grotte (Seite 59)

vollen ✲ Terrasse über der Piazzetta von Capri. *Di geschl. | Piazza Umberto I 4 | Tel. 08 18 37 41 08 | €€*

LA SAVARDINA (DA EDOARDO)

Für den Spaziergang von Capri zur römischen Villa Jovis: typische Inselküche in einem lauschigen Zitronengarten. *Im Sommer tgl., sonst Di geschl. | Via Lo Capo 8 | Tel. 08 18 37 63 00 | www.caprilasavardina.com | €–€€*

ÜBERNACHTEN

HOTEL VILLA EVA ✲

Ein reizendes Bungalowhotel mit Frühstück und Pool in Anacapri. *15 Zi. | Via La Fabbrica 8 | Tel. 08 18 37 15 49 | Fax 08 18 37 20 40 | www.villaeva.com | €€*

VILLA BRUNELLA ✲

Charmant-elegantes, den Fels hinabgestuftes Terrassenhotel mit Pool und schönem Blick auf die Faraglioni. *20 Zi. | Via Tragara 24 | Tel. 08 18 37 01 22 | Fax 08 18 37 04 30 | www.villabrunella.it | €€€*

AUSKUNFT

Am Hafen: Marina Grande (Tel. 08 18 37 06 34) | Capri: Piazzetta (Tel. 08 18 37 06 86) | Anacapri: Via Orlandi 19 e (Tel. 08 18 37 15 24) | www.capritourism.com | www.capri.net

ISCHIA

[122 A–B 5–6] **Ischia (47 000 Ew.) ist mit 46,3 km² die größte Insel im Golf und zusammen mit Procida dem Nordbogen des Golfs vorgelagert.** Seiner vulkanischen Beschaffenheit mit dem erloschenen Vulkanberg Epomeo und Kratern auch unter Wasser verdankt es alles: 103 heiße Quellen, 69 Fumarolenfelder und radonhaltigen Fango, sodass schon die Römer hier kurten und die

Über einen Damm geht es auf das Ischia vorgelagerte Inselchen mit der Aragoneserburg

Insel heute mit über 300 Hotels und jährlich 5,5 Mio. Kurgästen eine einträgliche Thermalindustrie betreibt. Neben Strand und Kuren hat Ischia aber auch zahlreiche Wanderwege zu bieten,wie zum Beispiel den Aufstieg zum *Epomeo* (788 m) von Fontana aus.

SEHENSWERTES

NORDKÜSTE

Im Nordosten liegt der Hauptort Ischia aus *Ischia Porto,* dem Hafenviertel mit einer lebendigen Ausgehmeile, der sogenannten ▶▶ Rive Droite (hier das kulinarisch erstklassige Terrassenrestaurant überm Meer *Alberto | im Sommer tgl. | Passeggiata Cristoforo Colombo | Tel. 041 98 12 59 | www.albertoischia.it | €€–€€€*), und dem malerischen *Ischia Ponte.* Letzterem ist das Felsinselchen mit dem *Castello Aragonese (März–Nov. tgl. 9 Uhr–1 Std. vor Sonnenuntergang)* vorgelagert, zu dem drei Kirchen gehören sowie ein Kloster, das in ein stilvoll-schlichtes Hotel umgewandelt wurde: *Il Monastero (18 Zi. | Tel. 081 99 24 35 | Fax 081 99 18 49 | www.albergoilmonastero.it | €€).* Längs der Nordküste verteilen sich besonders viele Thermalquellen, und es ist grüner als im steileren, heißeren Süden.

Das relativ moderne *Casamicciola* mit den meisten Thermalquellen ist das Hauptziel kurender Pauschaltouristen. Exklusiver geht es in *Lacco Ameno* mit Villen und luxuriösen Hotels zu, darunter das wunderbare Luxushotel *Mezzatorre Resort & Spa (59 Zi. | Via Mezzatorre 23 | Tel. 081 98 61 11 | Fax 081 98 60 15 | www.mezzatorre.it | €€€)* im Pinienhain auf dem hohen Kap westlich von Lacco Ameno über der schönen Bucht Baia di San Montano.

SÜDKÜSTE

Das einstige Fischerdorf *Sant'Angelo* ist ein beliebtes Ausflugsziel: Weiße und pastellfarbene Häuserkuben, von schmalen Gässchen und Treppen durchzogen, staffeln sich den Felsabhang hinunter, vorgelagert die kleine, bewaldete Halbinsel *Punta Sant'Angelo* mit Burgruine. Zu Sant'Angelo gehören auch der schöne Sandstrand *Spiaggia dei Maronti* sowie eine besonders hübsche Hotelanlage überm Meer, das *Miramare (55 Zi. | Via Comandante Maddalena 29 | Tel. 081 99 92 19 | Fax 081 99 93 25 | www.hotelmiramare.it | €€€).*

Die Streusiedlung *Barano* ist das Zentrum der kulinarischen Traditionen Ischias, mit Weinanbau und den begehrten Grubenkaninchen, der lokalen Spezialität, eine Art Wildkaninchen, die Sie besonders schmackhaft bekommen im *Il Focolare (Mi und außer Sa/So mittags geschl. | Via Cretajo al Crocefisso 3 | Tel. 081 90 29 44 | €–€€).*

WESTKÜSTE

Forio war in den Fünfzigerjahren des 20. Jhs. eine Künstlerenklave. Im lebhaften alten Ortskern finden Sie das malerische Kirchlein *Santa Maria del Soccorso,* zahlreiche Hotels und zwei schöne, feinsandige Strände: *Spiaggia di Citara* und *Spiaggia di San Francesco.* Ein lichtes, großes Komforthotel mit gutem Thermal- und Wellnessbereich oberhalb des Citarastrands ist das *Sorriso Ther-*

mae Resort (230 Zi. | Ortsteil Cuotto | Tel. 081 90 72 27 | Fax 081 90 72 90 | www.hotelvillasorriso.it | €€–€€€). Bei Forio bezaubert die traumhaft schöne Gartenanlage mit Teehausimbiss und Konzertprogramm ★ *La Mortella (April–Mitte Nov. Di, Do, Sa, So 9–19 Uhr | 10 Euro | Via Francesco Calise 35 | www.lamortella.it).*

THERMALANLAGEN

Der Thermalpark in Sant'Angelo heißt *Aphrodite-Apollon (Tel. 081 99 92 02 | www.hotelmiramare.it). Parco Castiglione (SS 270 bei Punta la Scrofa | Tel. 081 98 25 51 | www.termecastiglione.it)* in Casamicciola ist besonders aufwendig und ganz in deutscher Hand. Die *Giardini di Poseidon (Tel. 081 90 71 22 | www.giardiniposeidon.it)* am Strand Citara von Forio sind eine blühende Oase. Im Zentrum von Ischia Porto befindet sich das moderne, ganzjährig geöffnete *Ischia Thermal Center (Via delle Terme 15 | Tel. 081 98 43 76 | www.ischiathermalcenter.it).* Wunderbar gebettet in die Strandbucht San Montano vor Macchia und Felsklippen ist der ausgesprochen stilvolle Thermalpark ★ *Negombo (Tel. 081 98 61 52 | www.negombo.it)* bei Lacco Ameno mit besonders gutem Terrassenrestaurant (€–€€). Insider Tipp Die Thermalparks sind in der Regel von April bis Oktober geöffnet, der Tageseintritt kostet 25–28 Euro.

> LOW BUDGET

- Über Jahrtausende und noch bis Ende des 19. Jhs. war die 900 Stufen lange Felstreppe, die heute restaurierte und wieder begehbare *Scala Fenicia*, die einzige Verbindung zwischen Marina Grande und Anacapri – ein gebührenfreier Fitnesspfad aus der griechischen Antike.
- Die Ruinen der *Villa Damecuta* bei Anacapri, wo der römische Kaiser Tiberius seinen Sommer verbrachte, können umsonst besichtigt werden. Ein grandioses Panorama gibt es gratis dazu
- Thermalbad gratis: Am Strand *Carta Romana* in Ischia Ponte, an der Strandbucht *Sorgeto* bei Panza, die man über einen Treppenpfad erreicht, und nahe Sant'Angelo an den Stränden *Cava Grande* und *Maronti* gibt es Stellen, wo Fumarolen aus dem Sand aufsteigen bzw. heiße Quellen sich mit dem Meerwasser mischen.

AUSKUNFT

Porto d'Ischia | Banchina Porto Salvo | und Via Jasolino | Tel. 08 15 07 42 31 | www.ischiaonline.it | www.ischiatourist.de | www.pithecusa.com

PROCIDA

[122 B5] **Mit dem Tragflügelboot hat man in 35 Minuten den Großstadtmoloch hinter sich gelassen und ist auf der beschaulichen Insel Procida gelandet.** Sie ist nur 4 km² groß, aber mit 10 500 Ew. ziemlich dicht besiedelt. Wie Ischia ist sie vulkanischen Ursprungs, felsig, mit Buchten und ins Meer ragenden Felsspornen. Der fruchtbare Vulkanboden liefert ihr herrliche Zitronen- und Apfelsinengärten. Die Neapolitaner lieben Procida, überschaubar, leicht zugänglich und relativ preis-

Fischerdörfchen Corricella: Idyll wie aus längst vergangenen Zeiten

günstig, das familiäre Idyll einer Mittelmeerinsel. Mehrmals täglich gibt es Fähren von Pozzuoli, Neapel, Ischia.

SEHENSWERTES

INSELRUNDGANG

Auf dem mit 90 m höchsten Punkt der Insel liegt die Altstadt, *Terra Murata* genannt. Vom Hafen mit seinen Fischerhäusern, ein paar Restaurants, Cafés und den wartenden Minitaxis auf drei Rädern geht es in wenigen Minuten hinauf zur ★ Festung *Palazzo Baronale* auf steiler Klippe. Von hier genießen Sie einen überwältigenden Blick auf den Golf und die Insel mit ihren hellen Häusern im dunklen Grün der Zitrusgärten. Am Fuß des Bergs liegt das Fischerdorf Insider Tipp *Corricella,* mit seinen bunten Häuschen und blauen Booten die malerischste Ecke Procidas. Ein weiterer Hafenort liegt am anderen Ende der Insel in einer Einbuchtung: *Chiaiolella.* Hier ist am meisten los, mit Strandbädern, mehreren Hotels und dem vorgelagerten Inselchen *Vivara,* einem Wald- und Vogelparadies.

ESSEN & TRINKEN

CARACLÈ

An der Hafenmole in Corricella lässt man sich frischen Fisch schmecken. *Di, im Winter Mo–Fr geschl. | Marina Corricella | Tel. 08 18 96 91 92 | €€*

LO SCARABEO

In Ciraccio Kaninchen im Schatten einer Zitronenterrasse. *Winter Mo geschl. | Via Salette 10 | Tel. 08 18 96 99 18 | €*

ÜBERNACHTEN

LA CASA SUL MARE ★

Unter der Burg zehn helle Zimmer mit Balkon und toller Aussicht. *Salita Castello 13 | Tel./Fax 08 18 96 87 99 | www.lacasasulmare.it | €€*

HOTEL RISTORANTE CRESCENZO

Gute Küche und ganzjährig geöffnet. *10 Zi. | Marina Chiaiolella | Tel. 08 18 96 72 55 | Fax 08 18 10 12 60 | www.hotelcrescenzo.it | €–€€*

AUSKUNFT

Via Roma 117 | Marina Grande | Tel. 08 18 96 95 94 | www.isoladiprocda.it

> EIN MEDITERRANER TRAUM

Auf alten Maultierpfaden durch Zitronenhaine
hoch über den pastellfarbenen Städtchen wandern

> Man nennt sie die *Costa Divina*, die göttliche Küste. Sie beginnt mit den Ausläufern der Monti Lattari, die sich als Halbinsel ins Meer vorschieben und den Südbogen des Golfs von Neapel bilden.
Hier oben liegt Sorrent. Neben schönen Hotels bietet die Sorrentinische Halbinsel einige der besten Gourmetadressen Süditaliens mit traumhaftem Blick auf den Vesuv und auf Neapel. Vor der Spitze der Halbinsel, der Punta Campanella, mit ihrer Fauna und Flora unter strengem Naturschutz, liegt Capri zum Greifen nah. Weiter gen Osten beginnt die Amalfitana, die schmale, gewundene, 40 km lange Traumstraße an der nach Zitronen duftenden Klippenküste über kobaltblauem Meer, vorbei an pastellfarbenen Städtchen, die in den Schluchten und Einbuchtungen der Felsen liegen.

Von Ostern bis zum Herbst bricht hier täglich das Verkehrschaos mit

Bild: Amalfiküste bei Vettica Minore

KÜSTE VON AMALFI

Parkplatznot aus, besonders an den Wochenenden. Tagsüber dürfen im Sommerhalbjahr keine privaten Busse, Campingwagen und Caravans auf diese Straße. Daher: Nehmen Sie den Linienbus, oder kommen Sie via Meer mit den dann regelmäßig verkehrenden Schiffen von Neapel, Sorrent, Salerno, der Cilentoküste und den Inseln aus.

Hoch über der Felsküste gelegen, ist Ravello für viele das schönste Belvedere Italiens. Und vom Keramikstädtchen Vietri sul Mare blickt man auf den Golf von Salerno, auf die uralte, quirlige Hafenstadt.

AMALFI

[125 D5] **Zwei Plätze und eine Hauptstraße, ein Auf und Ab von Treppen und Gassen, die die übereinandergestapelten weißen Häuser, sieben Kirchen, den prächtigen Dom und den Hafen miteinan-**

AMALFI

Orientalisch gibt sich der Kreuzgang Chiostro del Paradiso in Amalfis Dom

der verbinden, und durchs Häusergewirr bohrt sich die Rua Nova Mercatorum, ein mittelalterlicher Gassentunnel: All das drängt sich zwischen dem Meer und dem Tal der Mühlen, der Schlucht Valle dei Mulini, die wie ein langer, schmaler Trichter in die Felsküste hinaufführt. Auf diesem engen Raum leben immerhin 6000 Menschen.

Im Mittelalter, als Amalfi zu den vier großen Seerepubliken (Pisa, Genua, Venedig) zählte, die mit ihren Handelsflotten den Warenverkehr zwischen Abendland und Morgenland beherrschten, sollen es über 50 000 gewesen sein – bis die Stadt 1135 von ihrer Konkurrentin Pisa in die Knie gezwungen wurde, bis Erdrutsche und Sturmfluten große Teile ins Meer rissen. Die Gegend geriet ins Abseits, lebte von Fischfang, Handwerk, Goldschmiedekunst, vor allem aber von der kostbaren, bei den Arabern gelernten Papierherstellung: Bis zu 16 Papiermühlen standen an den reißenden Bergbächen des Tals.

Ein neues Leben begann mit dem Bau der Küstenstraße 1840. Es kamen die ersten Fremden, Künstler, Schriftsteller. Die beiden großen Klöster Amalfis, beide aus dem 13. Jh., wurden in prächtige Hotels umgewandelt: Luna und Cappuccini. Amalfi war nun ein Ort, an dem die Sensiblen und Wohlhabenden aus den Nordländern von Oktober bis März überwintern. Und heute? Allein von der Lage her droht Amalfi keine Zersiedelung, wohl aber kommen jede Menge Besucher. Dennoch, ihren optischen Reiz hat die Stadt bewahren können, und so bleibt sie Kulisse für schönes Wohnen (teuer), gutes Essen (teuer) und herrliche Naturschauspiele vom Morgendunst bis zum Abendrot.

SEHENSWERTES

ARSENALE

Werfen Sie unten am Hafen, an der *Piazza Flavio Gioia* (benannt nach dem Erfinder des Kompasses), einen Blick in die eindrucksvolle Backsteinhalle, ein Rest der mittelalterlichen Werften, heute Ausstellungsraum.

DUOMO SANT'ANDREA/ CHIOSTRO DEL PARADISO

Am Kopf einer breiten, steilen Treppe erhebt sich der Dom mit einem Säulenatrium in schwarzem und weißem Marmordekor und bunt schillernden Giebelmosaiken. Ein Erdrutsch hatte die Kirche 1861 zusammenbrechen lassen, originalgetreu baute man sie wieder auf. Einzig der Kirchturm mit seinen majolikageschmückten Minarettkuppelchen war stehen geblieben. Schon vor dem Zusammenbruch war der Dom nicht aus einem Guss. So verbergen sich hinter dem breiten Säulenatrium zwei Kirchen und ein Kreuzgang mit arabischen, normannischen und barocken Stilelementen. Die Ursprungskirche ist die *Cappella del Crocifisso* aus dem 10. Jh., heute von ihrem barocken Stuck befreit und seit 1995 ein sehenswertes *Dommuseum*. Die dreischiffige Hauptkirche kam im 11. Jh., als die Seerepublik sich auf dem Gipfel von Reichtum und Einfluss fühlte, dazu. Sie besitzt ein *Bronzeportal* aus Konstantinopel, ein Meisterwerk orientalischer Kunst von 1066. Darunter geht es in die barock gestaltete Krypta mit dem Reliquiar des heiligen Andreas, des ersten Apostels Jesu, der in Amalfi hoch verehrt wird. Der mit seinen Doppelspitzbögen orientalisch anmutende Kreuzgang ★ *Chiostro del Paradiso* aus dem 13. Jh. war einst der Friedhof der Amalfitaner Aristokratie. *Chiostro del Paradiso und Museo del Duomo März–Mitte Juni und Mitte Sept.–Okt. tgl. 9–19, Mitte Juni bis Mitte Sept. 9–21, Nov.–Feb. 10 bis 12.45 und 14.30–17.15 Uhr*

MUSEO DELLA CARTA

Die berühmten Papierfabriken Amalfis, die die Amtsstuben des Königreichs Neapel belieferten, schafften Ende des 19. Jhs. nicht den Sprung zur Modernisierung. Nur zwei Werkstätten überlebten, da sie auf höchste handwerkliche Qualität setzen: *Amatruda* (Insider Tipp) und *Antica Cartiera Amalfitana* in Tramonti. Auf ihrem besonders langlebigen, von Künstlern hoch geschätzten Papier werden bibliophile Kostbarkeiten gedruckt. Das Papiermuseum zeigt diese Tradition. *März*

MARCO POLO HIGHLIGHTS

★ Chiostro del Paradiso
Ein Hauch Morgenland im Dom Sant'Andrea von Amalfi (Seite 67)

★ Antichi Sentieri
Auf alten Maultierpfaden durch herrliche Vegetation wandern (Seite 69)

★ Duomo San Matteo
Salernos romanischer Dom mit orientalischen Säulen und einer barocken Ausstattung (Seite 77)

★ Duomo San Pantaleone
Kostbare Mosaiken und ein byzantinisches Bronzeportal in Ravellos Dom (Seite 75)

★ Locanda Don Alfonso 1890
Das Spitzenrestaurant von Kampanien in Sant'Agata sui Due Golfi (Seite 81)

★ Terrazza dell'Infinito
Unendliche Blicke von Ravello über die Küste und das Meer (Seite 75)

bis Okt. tgl. 10–18.30, Nov.–Feb. Di bis So 10–15.30 Uhr | www.museodellacarta.it | Via delle Cartiere 24

MUSEO CIVICO

Wer an der Geschichte Amalfis als Seemacht interessiert ist, schaut sich die *Tabula Amalphitana* im Rathaus an, das mittelalterliche Seefahrer- und Handelsrecht der Republik. *Mo bis Sa 9–14 Uhr | Piazza Municipio 1*

ESSEN & TRINKEN

LA CARAVELLA

Elegantes Lokal unter Gewölben beim Arsenal, feine, hoch gelobte Fischküche. *Di geschl. | Via Matteo Camera 12 | Tel. 089 87 10 29 | €€€*

PANSA

Im Traditionscafé an der Piazza del Duomo gibts köstliche Spezialitäten von Zitronentorte bis *limoncello,* alles aus Zitronen aus den eigenen Hainen. Auch schmackhafte Imbisse. *Tgl. | Tel. 089 87 10 65 | www.pasticceriapansa.it | €–€€*

EINKAUFEN

Briefpapier, Kladden, Alben aus Amatruda-Papier sowie alte Veduten Amalfis finden Sie bei *Antiche Stampe di Amalfi (Piazza Duomo 11 | www.cartadiamalfi.it).*

ÜBERNACHTEN

Eine bezahlbare Alternative zu den teuren Hotels sind Ferienwohnungen und Bed-&-Breakfast-Zimmer. *www.bb-italia.com | www.bed-and-breakfast.it | www.cam-casa.de*

RESIDENCE DEL DUCA

Mitten in Amalfi in einem Adelspalast fünf charmante Zimmer mit Frühstück auf dem Balkon. *Via Mas-*

Direkt vor Amalfi lässt die Steinküste sogar Platz für einen kleinen Sandstrand

talo Il Duca 3 | Tel. 08 98 73 63 65 | www.residencedelduca.it | €–€€€

LA PERGOLA
Etwas außerhalb im Grünen an der Küstenstraße im Ortsteil Vettica liegt dieses hübsche, neu hergerichtete kleine Hotel mit schmackhafter Küche zu fairem Preis. *12 Zi. | Via Augustaccio 10 | Tel./Fax 089 83 10 88 | www.lapergolamalfi.it* | €–€€

SANTA CATERINA
Über den Klippen, das eleganteste (und teuerste) Hotel Amalfis mit exzellentem Restaurant. *61 Zi. | Via Nazionale 9 | Tel. 089 87 10 12 | Fax 089 87 13 51 | www.hotelsantacaterina.it* | €€€

STRÄNDE
Tatsächlich liegt vor Amalfi sogar ein kleiner Sandstrand, ansonsten verzieht man sich in Buchten und auf Klippenstege oder an den grausandigen Strand vom Nachbarort Atrani.

AUSKUNFT
Corso Repubbliche Marinare 27 | Tel. 089 87 11 07 | Fax 089 87 26 19 | www.amalfitouristoffice.it | www.amalficoastweb.com

ZIELE IN DER UMGEBUNG
ANTICHI SENTIERI (ALTE BERGPFADE) ★ [125 D5]
An der Amalfiküste kann man nicht den ganzen Tag am Strand liegen. Schon seit jeher nutzen die Feriengäste die alten Maultierpfade und Treppenwege gleich im Rücken Amalfis zu Wanderungen in die Berge, hinein in eine andere Welt. An den Terrassen mit Zitronen- und Orangenbäumen entlang, durch Wälder und Schluchten, auf Anhöhen mit kleinen Siedlungen wie *Pogerola* und *Pontone* und phantastischen Blicken über die Küste. Eine klassische Wanderung führt in die *Valle dei Mulini* mit ihren Ruinen alter Papierfabriken, Wasserfällen und dichten Waldstücken, eine andere durch das hübsche Atrani hinauf bis nach Ravello. Anspruchsvoller ist eine Bergwanderung ins Naturschutzgebiet *Valle delle Ferriere* voller seltener Pflanzenarten (vor allem Farne). Der Weg ist vom italienischen Alpenverein CAI markiert und geleitet bis auf 1000 m in alpine Landschaft hinauf, berühmt für ihre atemraubenden Ausblicke. Fragen Sie nach Karten im Fremdenverkehrsamt und in den Zeitungsläden Amalfis, oder surfen Sie auf der Website *www.italienwandern.de.*

ÖSTLICHE AMALFITANA [125 D–E 4–5]

Insider Tipp *Atrani* schließt gleich an Amalfi an, nicht so teuer, aber sehr malerisch: gut erhaltene Mittelmeerarchitektur aus weißen Häusern, Treppen und Plätzchen wie der zauberhaften *Piazzetta Umberto I.* Die Kirche *San Salvatore de Bireto* besitzt ein schönes orientalisches Bronzeportal von 1087. Zur Zeit der Republik war Atrani Wohnort des Amalfitaner Adels. An Übernachtungsmöglichkeiten gibt es hier das kleine, nette *Ostello A'Scalinatella (12 Zi. | Piazza Umberto I 12 | Tel. 089 87 14 92 | Fax 089 87 19 30 | www.hostelscalinatella.com | €)* im Zentrum und ein paar sympathische B-&-B-Adressen *(www.larginefiorito.com | www.roomswithview.com | €–€€)* und dazu eine Reihe einladender Restaurants, z. B. *'a Paranza (im Sommer tgl., sonst Di geschl. | Via Dragone 1–2 | Tel. 089 87 18 40 | €–€€).*

Es folgen *Minori* und *Maiori,* beide an Flussmündungen gelegen, mit breiten Sandstränden, Palmenpromenaden und viel moderner touristischer Infrastruktur. In Minori stehen beachtliche Reste einer römischen Villa.

Im Osten der Amalfitana lohnt das Keramikstädtchen Vietri einen Bummel

Beim ✱ *Capo d'Orso,* dem Bärenkap, finden Sie Reste einer Benediktinerabtei aus dem 11. Jh. und haben eine herrliche Sicht auf die Küste Amalfis und die Sorrentinische Halbinsel bis nach Capri. Es folgen das kleine *Erchie* tief in einem Taleinschnitt an sandiger Bucht und das malerische Fischerdorf *Cetara* mit der majolikageschmückten Kuppelkirche *San Pietro,* am 29. Juni Ausgangspunkt einer Strandprozession.

Das Ende der Amalfitana bildet *Vietri sul Mare* (10 000 Ew.), schon seit den Etruskern ein Keramikzentrum. Ein Geschäft reiht sich ans nächste, Berge von bunt glasiertem Geschirr, Krügen, Blumenschalen stapeln sich vor mit Majolikakacheln verzierten Hauswänden. Das *Keramikmuseum* im Ortsteil Raito in der *Torretta,* dem Turm des Parks der *Villa Guariglia (Juni–Sept. Di–So 9 bis 13 und 16–19, Okt.–Mai 9–13 und 15–18 Uhr),* zeigt auch die sogenannte „deutsche Periode“, als in den Zwanzigerjahren des 20. Jhs. zahlreiche deutsche Keramikkünstler nach Vietri zum Arbeiten kamen. Spektakulär ist die Majolikaverkachelung in einer der renommierten Keramikfabriken: *Ceramiche Artistiche Solimene (Via Madonna degli Angeli 7).*

WESTLICHE AMALFITANA [124–125 C–D5]

Von Amalfi in Richtung der malerisch verstreut liegenden Gemeinde *Conca dei Marini* stößt man an der Straße auf den Einstieg hinunter zur *Grotta dello Smeraldo (tgl. 9–16 | beste Zeit 12–14 Uhr | Aufzug):* eine 60 mal 30 m große Tropfsteinhöhle mit smaragdgrünem Wasser

Hoch oben auf einem Felsen über der Küste liegt das weiße Kloster Santa Rosa, dessen Nonnen die berühmte, mit Ricotta und kandierten Früchten gefüllte Blätterteigtasche *sfogliatella* erfanden und die hier am zweiten Augustwochenende gefeiert wird.

Bei der Weiterfahrt Richtung Positano überquert die Küstenstraße den dramatischen *Fjord von Furore:* Insider Tipp Aus der schluchtartigen Hafenbucht trug man die Waren einst über eine kilometerlange Steintreppe hinauf in den Weiler *Furore* auf den Hängen zwischen Rebterrassen (guter Lokalwein) und Zitronenhainen. Jeden September kommen Künstler und bemalen die sogenannten *muri d'autore,* Insider Tipp Häuserwände mit bunten Geschichten. Das und die dramatische Naturkulisse haben Furore *(www.furore.it)* beliebt gemacht. Davon zeu-

> SLOW FOOD IN CETARA

Probieren Sie die würzige Sardellenlake!

Drei Delikatessen aus dem Meer hat die Küste Kampaniens zu bieten: Zunächst sind da die großen, zarten Sardellen von Pisciotta und Pollica an der Cilentoküste, *alici di menaica* genannt. Dann die kleinen, rosafarbenen, in Reusen gefangenen Garnelen aus den Meeresgrotten der Punta Campanella an der Sorrentinischen Küste, *gamberetti di nassa* genannt und gut roh zu essen. Vor allem aber die *colatura di alici* aus Cetara an der Amalfiküste, die Salzlake, die bei der fünfmonatigen Lagerung der Sardellen entsteht und als Würze in anspruchsvollen Küchen hochangesagt ist: Probieren Sie die *linguine con la colatura di alici* in einem der guten Restaurants von Cetara, z. B. im *Acquapazza* Insider Tipp *(Mo geschl. | Corso Garibaldi 38 | Tel. 089 26 16 06 | €€).*

gen eine Reihe Hotels, vom raffinierten Luxusresort *Furore Inn (www.furoreinn.it)* mit Spa und hocheleganten Restaurants (€€€) bis zur sympathischen *Locanda del Fiordo (18 Zi. | Via Trasita 9 | Tel. 089 87 48 13 | www.lalocandadelfiordo.it | €€)* oder dem guten Restaurant *Hostaria di Bacco (tgl. | Tel. 089 83 03 60 | Fax 089 83 03 52 | www.baccofurore.it | €–€€)* mit Hotel *(20 Zi.).*

Lädt im Bohemeörtchen Furore zum Mahl: die Hostaria di Bacco

Praiano, ein Dorf zwischen Gärten und Olivenhainen mit der schönen, majolikageschmückten Kirche *San Gennaro,* besiedelt zusammen mit Vettica Maggiore den sonnigen Landrücken zum Capo Sottile. Hier das hübsche, kleine *Hotel Margherita (28 Zi. | Corso Umberto 70 | Tel. 089 87 46 28 | www.hotelmargherita.info | €–€€)* mit Pool und toller Aussicht. Eine Einbuchtung in die Küste schafft zwischen abfallenden Hängen den Platz für *Marina di Praia* mit Strand am Meer und Tauchmöglichkeiten. Die ehemalige Fischersiedlung ist heute eine kleine Ansammlung von Pensionen mit einem guten Fischrestaurant: *Alfonso a Mare (Via Marina di Praia | Tel. 089 87 40 91 | Fax 089 87 41 61 | www.alfonsoamare.it | €€),* zugleich nettes Hotel *(11 Zi.),* das auch eine Dependance in Praiano hat *(Casa Alfonso | 16 Zi. | Tel. 089 87 40 48 | www.casaalfonso.it | €€).* Marina di Praia ist zudem Anlaufpunkt für Diskofans, die sich in der äußerst beliebten *Disco Africana* treffen.

POSITANO

[124 C5] **Stufenweise fällt die Kaskade würfelförmiger Häuser an zwei Hängen zum Meer hinab, Dächer mit platt gedrückten Kuppeln über weißen und rosafarbenen Fassaden, bogenüberspannte Loggien und Balkone, an denen sich Bougainvilleen und Wildröschen hochranken.** Gegenüber liegt die kleine Felsinselgruppe *Li Galli,* angeblich die versteinerten Sirenen des Odysseus. Positano (4000 Ew.) war einst ein Seefahrerort, bis in den Fünfzigerjahren des 20. Jhs. die verspielten Schönen der Dolce Vita Positano entdeckten. Ihnen folgten schillernde Hippies. Die Stadt boomte – und kreierte Mode: leichte, flatternde Stoffe in mediterranen Farben. Man nähte, färbte, verkaufte im Akkord, Positano wurde zum Modezentrum.

SEHENSWERTES

SANTA MARIA ASSUNTA

Die schöne Kirche mit Majolikakuppel an der Hauptpiazza besitzt im Innern ein mittelalterliches Marienbild, draußen am Kirchturm ein Relief mit Fischen, Fuchs und Seeungetüm, das

Wahrzeichen Positanos. *Piazza Flavio Gioia*

ESSEN & TRINKEN

MAX

Kunstgalerie, *wine bar,* sorgfältige Küche, stimmungsvolle Räume – ein Lokal mit viel Flair. *Im Sommer tgl. | Via dei Mulini 22 | Tel. 089 87 50 56 | www.ristorantemax.it* | €€–€€€

DA VINCENZO

Vincenzos Spezialität sind die *margaret*, mit Ricotta gefüllte Teigtaschen, frisches Basilikum und die kleinen, süßen Tomaten von Furore. *Im Sommer tgl. | Via Pasitea 172–178 | Tel. 089 87 51 28* | €–€€

LA ZAGARA

Legendäres Konditoreicafé, *der* Treffpunkt zum Aperitif mit Fruchtsäften und -cocktails auf wunderschöner Terrasse unter Zitronenbäumen. *Via dei Mulini 8*

EINKAUFEN

Durch das Zentrum Positanos, für den Verkehr gesperrt, schlängelt sich die *Via Pasitea* mit einer Boutique neben der anderen, mit farbenfroher Sommermode, Sandalen, Taschen – lässig, elegant, nicht billig. Oder Sie kaufen die hiesigen Spezialitäten: kampanische Weine, Marmeladen aus Zitrusfrüchten und den knallgelben Zitronenlikör *limoncello.*

ÜBERNACHTEN

CASA GUADAGNO

Sympathische Pension für den kleinen Geldbeutel. *7 Zi. | Via Fornillo 36 | Tel. 089 87 50 42 | Fax 089 81 14 07 | www.pensionecasaguadagno.it* | €

HOTEL REGINELLA

Zehn recht stilvolle Zimmer, die meisten mit Meerblick, mitten im Ort. *Via Pasitea 154 | Tel./Fax 089 87 53 24 | www.reginellahotel.it* | €€

SAN PIETRO

Phantastisches, in die Klippen gebautes Luxushotel mit großartigem Blick, eigenem Aufzug zum Strand, ▶▶ Cocktailterrasse und einem stern-

Ein Postkartenidyll: die Steilküste bei Vettica Minore an der westlichen Amalfiküste

gekrönten Restaurant. *58 Zi. | Via Laurito 2 | Tel. 089 87 54 55 | Fax 089 81 14 49 | www.ilsanpietro.it | €€€*

LE SIRENUSE
Traumhafter Adelspalast im Herzen Positanos mit schickem Spabereich. *60 Zi. | Via Colombo 30 | Tel. 089 87 50 66 | Fax 089 81 17 98 | www.sirenuse.it | €€€*

AM ABEND

Music on the rocks: Disko und Pianobar am Strand *Marina Grande.*

AUSKUNFT

Via del Saracino 4 | Tel. 089 87 50 67 | Fax 089 87 57 60 | www.aziendaturismopositano.it

>LOW BUDGET

- Achten Sie auf die Aushänge der *sagre,* der sommerlichen Schlemmerfeste – z. B. im Juli das *Thunfischfest* in Atrani oder im August das *Sardellenfest* in Cetara: Gelegenheiten, die hiesigen Spezialitäten preiswert zu genießen.
- Nur 10 Euro kostet die zweistündige Bootsfahrt mit der *Metro del Mare (www.metrodelmare.com)* von Amalfi nach Neapel, 8 Euro der 90-Minuten-Trip von Sorrent nach Salerno: die günstigste Variante, das phantastische Küstenpanorama vom Meer aus zu genießen.
- Im *Giardino della Minerva (Di–So 9–13.30 Uhr | Eintritt frei)* in Salerno lernten schon die Studenten der ersten medizinischen Fakultät Italiens im 14. Jh. das Heilen mit Kräutern und Essenzen.

ZIELE IN DER UMGEBUNG

MONTEPERTUSO/ SANTA MARIA DEL CASTELLO [124 C5]
Auch von Positano aus kann man Bergausflüge unternehmen: etwa über recht steile Treppen hinauf nach *Montepertuso,* 365 m über dem Meer (40 Minuten), ein Örtchen mit einigen besonders guten Trattorien *(Donna Rosa | Okt.–Mai Di, Juni bis Sept. Di-Mittag und Mo geschl. | Tel. 089 81 18 06 | €€; Il Ritrovo | im Winter Mi geschl. | Tel. 089 87 54 53 | €–€€).* Eine klassische Tour ist der steile Aufstieg im Rücken Positanos hinauf zum *Belvedere* beim Wallfahrtskirchlein *Santa Maria del Castello.* Zu den schönsten Wanderungen an der Costa Divina gehört der Höhenweg *Sentiero degli Dei* (Insider Tipp) von Montepertuso nach Agerola.

RAVELLO

[125 D5] Für viele Kenner der Costa Divina ist Ravello auf 374 m Höhe der Lieblingsort. Bei Atrani zweigt die Straße ab hinauf ins grüne „Drachental" *Valle del Dragone.* Die Straße windet sich durch Wälder und über in Terrassen gestufte Hänge, auf denen Oliven und Zitronenbäume, vor allem aber Wein, der beste der Küste, wachsen. Auf der anderen Seite des Tals liegt Scala mit großem Dom romanischen Ursprungs. Im Mittelalter durch gute Verbindungen zu den Normannen eine reiche Stadt, hat Ravello auch heute trotz nur 2200 Bewohnern mit zwölf Kirchen, mit Konventen und Villen nichts Provinziell-Dörfliches. Lange im Dornröschenschlaf, wurde es erst im 19. Jh. von romantischen Künstlern zum Leben erweckt. Ein

Auf der Terrazza dell'Infinito in der Villa Cimbrone meint man, über dem Meer zu schweben

paar weltberühmte Traumhotels in stimmungsvollen Palazzi und zauberhaften Gärten bei atemraubendem Panorama runden das Bild ab.

SEHENSWERTES

DUOMO SAN PANTALEONE ★

Bei einer Restaurierung 1975 wurde die romanische Kathedrale aus dem 11./12. Jh. vom Barock befreit. Der Einfluss byzantinisch-normannischer Kultur zeigt sich in der Bronzetür des Barisano da Trani aus dem 12. Jh., in den Mosaiken am Ambo (Lesepult) mit Ungetümen, die Jonas verschlingen (ebenfalls 12. Jh.), sowie in den Mosaiken und Reliefs an der Kanzel (13. Jh.) von Niccolò di Bartolomeo da Foggia, auch aus Apulien. Im kleinen *Domschatzmuseum* wird neben einigen kostbaren Reliquienbehältern und mosaikverzierten Steindekorationen die wunderschöne Marmorbüste der Sigilgaita Rufolo aus der antiken Ravelleser Familie Rufolo von 1272 aufbewahrt. *Museo del Duomo tgl. 9 Uhr–1 Std. vor Sonnenuntergang, Piazza Vescovado*

VILLA CIMBRONE

Die Villa von 1904 im auf mittelalterlich getrimmten Kitschstil steht auf dem äußersten Punkt des Felssattels, auf dem Ravello liegt. Absoluter Höhepunkt ihres großzügigen Parkgartens mit Alleen, Hecken, Beeten, Skulpturen, Tempelchen ist die Aussichtsterrasse ★ *Terrazza dell'Infinito* mit einem Panorama über die gesamte Küste. Heute beherbergt die Villa ein edles Hotel. *Park tgl. 9 Uhr–Sonnenuntergang | 5 Euro*

VILLA RUFOLO

Durch einen stämmigen Turm geht es hinein in die Villa aus dem Mittelalter in arabisch-sizilianischem Stil (so die Spitzbögen im kleinen Innenhof) und in ihren Terrassengarten über der Küste mit Palmenstauden, Schirmpinien und herrlichen Ausblicken. Im 13. Jh. als Wohnsitz der Ravelleser Familie Rufolo entstanden, wurde die Villa berühmt durch Richard Wagner, der sich, so heißt es, vom Park zu Klingsors Zaubergarten für seine Oper „Parsifal" anregen ließ. Ab März finden im Innern und auf der Terrasse anspruchsvolle Konzerte statt, bei denen nicht nur Wagner gespielt wird, Höhepunkt ist das Ravello-Festival von Juni bis September *(Programm: www.ravellofestival.com). Tgl. 8 Uhr–1 Std. vor Sonnenuntergang*

Umrankt von Efeu und Legenden: die Villa Rufolo mit Terrassengarten

ESSEN & TRINKEN

CAFFÈ DELL'ARTE

Im wunderschönen Nobelhotel Palazzo Sasso trifft man sich zum Essen, zu Cocktail und Aperitif und abends bei Loungemusik auf den Terrassen dieses schicken ▶▶ Caférestaurants. *März–Okt. tgl. | Via San Giovanni del Toro 28 | Tel. 089 81 81 81* | €€€

CUMPÀ COSIMO

Ein Muss wegen seiner allseits gelobten, köstlichen Nudelgerichte. *Mo geschl. | Via Roma 44 | Tel. 089 85 71 56* | €–€€

VILLA MARIA

Ein weiterer Traumplatz mit Weitblick ist die lauschige ✱ Restaurantterrasse des charmanten Traditionshotels Villa Maria. Schmackhafte, frische Traditionsküche zu gutem Preis. *Tgl. | Via Santa Chiara 2 | Tel. 089 85 72 55* | €€

ÜBERNACHTEN

HOTEL TORO

Beim Dom ein freundliches Frühstückshotel mit hübschem Garten. *10 Zi. | Via Roma 16 | Tel. 089 85 72 11 | Fax 089 85 85 92 | www.hoteltoro.it* | €€

VILLA SAN MICHELE

Zu Füßen Ravellos liegt dieses kleine, charmante Hotel in toller Lage direkt an den Klippen überm Meer. *12 Zi. | Via Carusiello 2 | Tel./Fax 089 87 22 37 | www.hotel-villasanmichele.it* | €€

AUSKUNFT

Piazza Duomo | Tel. 089 85 70 96 | Fax 089 85 79 77 | www.ravellotime.it

SALERNO

[125 E4] Vor nicht allzu vielen Jahren noch düster und schäbig, erlebt die Hafenstadt (140 000 Ew.) heute eine neue Blüte.

Man sieht es an der eleganten Uferpromenade *Lungomare Trieste*, an der wieder belebten ▶▶ Altstadt (Ausgangspunkt *Piazza Cavour*) voller *wine bars*, Trattorien und schöner Läden mit der Bummelmeile *Via dei Mercanti*, mit dem Dom und den Museen. Und dank der renommierten Universität, im Mittelalter aus der hochgerühmten Scuola Medica Salernitana hervorgegangen, ist sie voller Studenten.

SEHENSWERTES

CASTELLO ARECHI

Die imposante mittelalterliche Festungsanlage mit schönem Panorama auf die Stadt erhebt sich auf den Hügeln. *Di–So 9.30–13.30 und 15.30 bis 19.30 Uhr*

DUOMO SAN MATTEO ★

Als sich die Stadt unter Robert il Giuscard, dem Herrscher über das süditalienische Normannenreich, im 11. Jh. die Reliquien des Apostels Matthäus sichern konnte, gab das den Anlass für den Bau dieser eindrucksvollen Basilika mit wertvollem Bronzeportal, byzantinischer Mosaik- und romanischer Steinmetzkunst. *Largo Plebiscito*

Immer wieder öffnen sich in Ravello schwindelerregende Weitblicke

ESSEN & TRINKEN

HOSTARIA IL BRIGANTE

Einfache Hosteria mit frischer, einfallsreicher Lokalküche in Domnähe. *Mo geschl. | Via Fratelli Linguiti 4 | Tel. 089 22 65 92 | €*

TRATTORIA DEL PADRETERNO

Frischer Fisch und exzellente Desserts nahe der Uferpromenade. *Di geschl. | Piazza Flavio Gioia 12 | Tel. 089 23 93 05 | €€*

ÜBERNACHTEN

VILLA AVENIA

Vier B-&-B-Zimmer in einer gastlichen alten Villa mit verwunschenem Garten. *Via Tasso 83 | Tel. 089 25 22 81 | www.villaavenia.com | €*

AUSKUNFT

Am Bahnhof | Tel. 089 23 14 32 | Fax 089 25 25 76 | www.aziendaturismo.sa.it

SORRENTO (SORRENT)

[124 B5] Sorrent (17 000 Ew.), eine griechische Gründung und Geburtsort des großen Dichters Torquato Tasso, und die dazugehörige Halbinsel wurden dank ihrer phantastischen Lage auf einem mächtigen Tuffplateau hoch über dem Golf von Nea-

pel im 18. Jh. von den Engländern „entdeckt". In der Folgezeit entstanden wunderschöne Prachthotels und Villen in herrlichen Parks. Davon gibt es immer noch einige, die den alten Zauber Sorrents erspüren lassen. Zugleich sind mit der Zeit viele weitere Hotels hinzugekommen, auf dem Plateau findet sich sogar Platz für Campingplätze, aber auch für Zersiedelung und Verkehrschaos.

Zu Sorrent gehört die Tradition der Intarsienkunst und des Tarantellatanzes. Und durch die Nähe zu Neapel kann man hier sogar von einer ▶▶ Ausgehszene mit Diskos und *wine bars* sprechen.

SEHENSWERTES

BELVEDERE DER VILLA COMUNALE

Diese herrliche Aussichtsterrasse befindet sich im kleinen Stadtpark Sorrents, einem ehemaligen Klostergarten.

KIRCHEN

Der *Dom Santi Filippo e Giacomo,* romanischen Ursprungs, mit Fassade von 1924 und alten und neuen Intarsien im Innern und am Portal, liegt am *Corso Italia.* Der arabisch angehauchte Kreuzgang von *San Francesco* ist Schauplatz sommerlicher Konzerte. Die Kirche *Sant'Antonio* birgt Votivbilder der Seefahrer und eine schöne Weihnachtskrippe.

Insider Tip

MUSEO ARCHEOLOGICO

Das Museum im Ortsteil Piano di Sorrento inmitten einer wunderschönen Parkanlage zeigt Funde aus prähistorischen Nekropolen und der Antike sowie schöne Statuen aus römischen Badevillen. *Di–So 9–18 Uhr | Villa Fondi, Ripa di Cassano*

MUSEO BOTTEGA DELLA TARSIA LIGNEA

Insider Tip

Der Renaissancepalast Pomarici-Santomasi, selbst einen Besuch wert,

Blick auf die Berge und über den Golf bis nach Neapel: Promenade von Sorrent

zeigt eine herausragende historische Intarsiensammlung des Intarsienherstellers Alessandro Fiorentino, dazu auch dessen Designstücke. Angegliedert ist ein Shop. *Juli–Sept. tgl. 16 bis 19.30, Okt.–Juni Mo–Sa 10–13 und 15–18.30 Uhr | Via San Nicola 28 | www.alessandrofiorentinocollection.it*

MUSEO CORREALE DI TERRANOVA

In einer Villa mit einem wunderschönen Orangenhain (allein schon lohnend) befinden sich eine hochwertige Porzellansammlung, Rokokospiegel, Fächer, antike Vasen und schöne Antiquitäten. *Mi–Mo 9.30–13.30 Uhr | Via Correale 50*

SEDILE DOMINOVA

sider ipp

Unter dieser mit Fresken ausgemalten Loggia, in der im 16. Jh. die adligen Stadträte tagten, sitzen heute die Rentner aus dem Arbeiterverein beim Kartenspiel. *Via San Cesareo 72*

ESSEN & TRINKEN

IL BUCO

Schönes Lokal mit ausgezeichneter Küche. *Mi geschl. | Rampa Seconda Marina Piccola 5 | Tel. 08 18 78 23 54 | www.ilbucoristorante.it* | €€€

SANT'ANNA DA EMILIA

Im Sommer auf einer Plattform überm Wasser, Fisch aus dem Netz gleich in die Pfanne. *Im Winter Di geschl. | Via Marina Grande 62 | Tel. 08 18 07 27 20* | €

GIGINO PIZZA A METRO

Eine am ganzen Golf berühmte Megapizzeria (über 100 Angestellte) im Nachbarort Vico Equense. Pizza als Inbegriff kollektiven Schlemmens gibt es hier gleich meterweise. *Tgl. | Via Nicotera 10 | Tel. 08 18 79 84 26* | €

TORRE DEL SARACINO

Ebenfalls in Vico Equense tischt der gerühmte Chef Gennaro Esposito allerbeste Mittelmeerküche auf. *So-Abend und Mo geschl. | Via Torretta 9 | Tel. 08 18 02 85 55 | www.torredelsaraceno.it* | €€€

EINKAUFEN

Im Gassengewirr der Altstadt (vor allem *Via San Cesareo*) wimmelt es von Läden mit Schmuck, Gemmen, Korallenarbeiten, Kleinantiquitäten, bestickter Tischwäsche und Lederwaren. In dem für den Verkehr gesperrten Zentrum können Sie abends ungestört shoppen gehen.

ÜBERNACHTEN

BELLEVUE SYRENE

Ein zauberhaftes Traumhotel, zentral gelegen. *73 Zi. | Piazza della Vittoria 5 | Tel. 08 18 78 10 24 | Fax 08 18 78 39 63 | www.bellevue.it* | €€€

ESPERIDI RESORT

Schick gestyltes Bungalowhotel im Grünen mit Pool und Kochschule; im Ortsteil Sant'Agnello. *57 Wohneinheiten | Viale dei Pini 52 | Tel. 08 18 78 32 55 | Fax 08 18 78 50 22 | www.esperidi.com* | €€

ORIANA RELAIS

Kleines Flairhotel zwischen Zitronenbäumen im Ortsteil Sant'Agnello. *10 Zi. | Via Rubinacci 1 | Tel. 08 18 78 24 68 | Fax 08 15 32 48 30 | info@villaoriana.it* | €–€€

VILLA MARIA
Gutes Mittelklassehotel im Zentrum, mit Pool. *80 Zi. | Via Capo 8 | Tel. 08 18 78 19 66 | Fax 08 19 07 11 27 | www.hotelvillamaria.it* | €€

AM ABEND

Man trifft sich auf der zentralen Piazza Torquato Tasso; der Bummel führt über den Corso Italia und durch die angrenzenden Gassen voller sommers bis in die Nacht geöffneter Geschäfte. Wer Lust auf eine Tarantellashow hat, der ist im *Fauno Notte Club* an der Piazza Tasso richtig. Ein ambitionierter Musikclub ist *Artis Domus (Via San Nicola 56)* in einer alten Villa. Zum Aperitif: *Photo Food & Drink (Via Correale 19).*

STRÄNDE

Die Meereszugänge, kleine, grausandige Strände und Klippenstege am Fuß des Felsplateaus erreicht man über steile Treppen- und Serpentinenwege. Die Hotels, die den Klippenrand säumen, haben Aufzüge, oder man nimmt den öffentlichen an der Villa Comunale. Am nettesten ist es an der Fischersiedlung *Marina Grande.* Schöne Küstenstreifen mit Meerzugang befinden sich Richtung *Punta del Capo* und an der *Marina di Puolo.*

AUSKUNFT

Via Luigi De Maio 35 | Tel. 08 18 07 40 33 | Fax 08 18 77 33 97 | www.sorrentotourism.com | www.sorrentotour.it

ZIELE IN DER UMGEBUNG

MONTE FAITO **[124 C5]**
Auf den 1131 m hohen Berg, Belvedere über die Sorrentinische Halbinsel, Wander- und Ausflugsziel, bringt Sie eine in den Sommermonaten verkehrende *Seilbahn* auf den Gipfel.

PUNTA CAMPANELLA/ MARINA DEL CANTONE **[124 B6]** Insider Tipp
Im Anschluss an das quirlige Sorrent geht es ruhig und ländlich weiter in

Capri immer im Blick: der Wanderweg von Termini zur Landspitze Punta Campanella

Über Sorrents zentrale Piazza Tasso kurvt man am elegantesten mit dem Roller

Richtung der 14 km entfernt liegenden Spitze der Halbinsel *Punta Campanella (www.puntacampanella.org)*, vorbei an *Massa Lubrense (www.massalubrense.it)* mit Ferienhotels und dem kleinen Fischerhafen *Marina della Lobra*. Hier sollten Sie den wunderschönen ältesten Zitronenhain Sorrents besuchen, dazu Verkauf von exzellentem *limoncello*, Marmeladen etc.: *Azienda Limoneto Il Gesù (Via IV Novembre 26 b)*. Von *Termini* wandert man bei herrlichem Weitblick auf die Kapspitze, Capri und den gesamten Golf zum Kap mit seinen Felsformationen und dem Leuchtturm *(hin und zurück ca. 3 Std.)*. Dank der reichen Meeresfauna und -flora ist die Punta Campanella zur *Area Naturale Marina*, zum Meeresschutzgebiet, erklärt worden.

sider ipp

Von *Nerano* startet der Fußweg zur abgeschiedenen, besonders schönen Badebucht *Baia di Ieranto*. Der nächste Küstenort ist die beschauliche Fischersiedlung *Marina del Cantone* mit einem langen Kiesstrand, mit Ferienpensionen und zwei berühmten Restaurants: *Taverna del Capitano (Mo/Di geschl. | Tel. 08 18 08 10 28 | www.tavernadelcapitano.it | €€€)* direkt am Meer. Die Taverna hat auch 14 hübsche Zimmer (€€) direkt am Strand. Die andere erstklassige Schlemmeradresse ist das elegante *Quattro Passi (Di-Abend und Mi geschl. | Via Vespucci 13 | Tel. 08 18 08 12 71 | auch 7 Zi. | www.ristorantequattropassi.com | €€€)*.

SANT'AGATA SUI DUE GOLFI [124 B5]

Oberhalb von Sorrent setzt sich die Gourmettour mit noch besserer Aussicht fort: Der 9 km von Sorrent entfernte Ort (3000 Ew. | *www.santagatasuiduegolfi.it*) – zu erreichen über eine schöne Panoramastraße (SS 145) – blickt auf beide Golfe zugleich, den von Neapel und den von Salerno, und beherbergt das vielleicht beste Restaurant Süditaliens: die kleine, sehr feine ★ *Locanda Don Alfonso 1890 (Mo/Di geschl. | auch 5 Suiten | Corso Sant'Agata 11 | Tel. 08 18 78 00 26 | www.donalfonso1890.com | €€€)*. Ein paar Schritte weiter geht es ins „normale" *Lo Stuzzichino (Mi geschl. | Via Deserto 1 a | Tel. 08 15 33 00 10 | www.ristorantelostuzzichino.it | €–€€)*, in dem man angenehm sitzt und gut speist.

Unterhalb von Sant'Agata geht es über Torca zur beschaulichen, kleinen Fischerbucht *Marina di Crapolla*. Weiter an der SS 145 in *Colli di Fontanelle* liegt die einfache, aber gute Trattoria *Stelluccia (Mi geschl. | Via Nastro Azzurro 19 | Tel. 08 18 08 35 25 | €)*.

> ANTIKE TEMPEL UND TRAUMHAFTE BADEBUCHTEN

Zu Gast bei griechischen Göttern, mit dem Boot zu geheimnisvollen Grotten und ein Besuch bei den Wasserbüffeln

> Im Anschluss an die weite Ebene von Paestum mit ihren griechischen Tempeln und den schwarzen Mozzarellabüffeln schiebt sich eine bewaldete Hügel- und Berglandschaft ins Meer vor, rund 50 km breit bis zum Golf von Policastro.

In die Felsküste haben Meer, Wind und Flüsse weit herausragende Kaps, Grotten, Steinbögen sowie Strände mit feinem Sand geschliffen, dazu kommt glasklares Wasser, in dem es sich so gut wie sonst nur vor Inseln tauchen lässt. Heute schippern die Fischer die Feriengäste zu den Badebuchten. Zugleich bietet die Cilentoküste lange Sandstrände, ideal für Familien mit Kindern.

Einen Hauch von Eleganz haben Santa Maria di Castellabate und Acciaroli. In Marina di Camerota und im fast schon ein wenig mondänen Palinuro ist in der Hochsaison, wenn die Italiener Ferien machen, am meisten los. Ferienwohnungen und

Bild: Tempel der Athene in Paestum

PAESTUM & CILENTO

Hotels stehen bereit, und im Schatten von uralten Olivenbäumen liegen die Bungalows der Feriendörfer und viele Campingplätze versteckt.

Eine Alternative sind Ferienwohnungen auf Bauernhöfen, denn den Reiz des Cilento macht auch sein ländliches Hinterland aus, mit Bauerndörfern, Olivenhainen, Weingärten, Gemüsefeldern, mit Schaf- und Ziegenweiden, mit Bergen, Wäldern und Flusstälern. So kann man hier das ganze Jahr über wandern, biken und in den Trattorien einkehren zur schmackhaften, mit dem besonders guten Olivenöl zubereiteten Kost.

Der Nationalpark Cilento *(www.pncvd.it)*, dessen Hinterland mit der Bergkette Monti Alburni und dem Monte Cervati Gipfelhöhen von 1898 m erreicht, steht mit seinen Kulturschätzen wie den antiken Ruinenstätten Paestum und Velia und der grandiosen Barockkartause San Lorenzo bei Padula zudem auf der Liste des Unesco-Welterbes.

CASTELLABATE

[126 B6] An der Nordspitze des Cilento gelegen, setzt sich die Gemeinde (7500 Ew.) ihren Fischerhäfen unten am Meer, an den Sandstränden der Bucht hin zur traumhaft schönen Landspitze *Punta Licosa* im Süden.

Im Zentrum Santa Marias am sandigen Strandhafen trifft man sich abends zum Bummel unter dem alten

Santa Maria ist der am Meer gelegene Ortsteil von Castellabate mit Fischerhafen

aus drei Ortsteilen zusammen: Auf einer Hügelkuppe (356 m) drängt sich das alte Castellabate, in dessen beschaulichem Kern die Feriengäste von der Küste an Sommerabenden kühle Zuflucht suchen. Oder man wohnt (und isst sehr gut) gleich hier oben im mittelalterlichen *Palazzo La Mola (5 Zi. | Via Cilento 2 | Tel. 09 74 96 70 53 | Fax 09 74 96 77 14 | www.lamola-it.com | €€)*, in dem Sie auch Bootstouren entlang der Küste buchen können. Die beiden anderen Gemeindeteile, *Santa Maria di Castellabate* und *San Marco*, liegen mit

trutzigen Palazzo der Adelsfamilie Perrotti. Auch wohnen kann man direkt am Strand, entweder in dem kleinen Traumhotel *Villa Sirio (15 Zi. | Lungomare De Simone 15 | Tel. 09 74 96 01 62 | Fax 09 74 96 05 07 | www.villasirio.it | €€€)* mit elegantem Restaurant, beliebt für romantische Hochzeitsfeiern, oder im schlichteren *New Sonia (33 Zi. | Via Landi 25 | Tel./Fax 09 74 96 11 72 | www.hotelsonia.it | €€)*. Essen können Sie im hoch gelobten, gepflegten *La Taverna del Pescatore (Mo und Winter geschl. | Via Lamia | Tel. 09 74 96 82 93 | €€)*.

Direkt am Meer liegt die in duftendes Grün gebettete Ferienanlage *Trezene (Tel. 09 74 96 50 27 | Fax 09 74 96 50 13 | www.trezene.com | €)* mit 40 Bungalows und Chalets sowie einem Campingplatz und eigenem Strand mit Spiel-, Sport- und Ausflugsangeboten. Eine Entdeckung voll hübscher Details, Kräuterdüfte und sanfter Atmosphäre ist das romantische Landhotel *Giacaranda (7 Zi., 2 Apartments | Contrada Cenito | Tel. 09 74 96 61 30 | Fax 09 74 96 68 00 | www.giacaranda.it | €€)* beim benachbarten San Marco, das auch Kochkurse anbietet.

ZIELE IN DER UMGEBUNG

KÜSTENORTE

Jeder Ort an der Küste hat seinen eigenen Charakter: Städtisch-quirlig präsentiert sich *Agropoli* [126 B5] zum Meer hin mit seiner Hauptmeile Corso Garibaldi voller Läden und Cafés. Wer möchte, kann in die verwinkelte Altstadt über einen langen Treppenweg hinaufklettern, mit einem Kastell und phantastischem Weitblick bis hin nach Capri. Zu Agropolis Stränden gehört 2 km südlich die beliebte Strandbucht *Baia di Trentova.* Mitten im Ort können Sie im renovierten Traditionshotel *Carola (40 Zi. | Via Carlo Pisacane 1 | Tel. 09 74 82 64 22 | Fax 09 74 82 64 25 | www.hotelcarola.it | €)* wohnen und gut essen. Überhaupt essen Sie in Agropoli richtig gut: wunderbar die Käseauswahl, allen voran der sahnige Büffelmozzarella, im *La Veranda (Mo, Juli/Aug. auch mittags geschl. | Via Piave 38 | Tel. 09 74 82 22 72 | €–€€)* oder die köstlichen gefüllten Tintenfische im rustikal-eleganten Feinschmeckerrestaurant *Il Ceppo (Di geschl. | Via Madonna del Carmine 31 | Tel. 09 74 84 30 44 | Fax 09 74 84 32 34 | www.hotelristoranteilceppo.com | €€)* am Ortsrand mit kleinem, nettem Hotel *(20 Zi. | €)* gegenüber. Magnet für sommerheiße Diskonächte mit herrlichem Panorama über das Meer ist *New Carrube* vor den Toren Agropolis.

Nach der Landspitze Punta Licosa folgt *Acciaroli* [128 A4] mit stattlichen Steinhäusern direkt am Meer und am Hafen mit großer Fischereiflotte, zu der sich im Sommer die Yachten betuchter Neapolitaner ge- Insider Tipp

MARCO POLO HIGHLIGHTS

★ **Punta Licosa**
Eine mythische Landschaft bei Castellabate (Seite 86)

★ **Steilküste von Marina di Camerota**
Traumhafte Badebuchten und Grotten an felsiger Küste (Seite 87)

★ **Certosa di San Lorenzo**
Großartige Klosterarchitektur nahe Padula (Seite 94)

★ **Grotta di Castelcivita**
Eine der vielen spektakulären Höhlen im Karst des Cilento (Seite 91)

★ **Paestum**
Die besterhaltenen Tempel der Griechen (Seite 89)

★ **Bootstouren**
Zu phantastischen Meeresgrotten mit Grillpicknick am Strand (Seite 93)

sellen. Am Strand steht das besonders hübsche, ganzjährig geöffnete Hotel *Stella Marina (12 Zi. | Via Nicotera 137 | Tel. 09 74 90 47 25 | Fax 09 74 90 48 91 | www.stellamarinahotel.com | €–€€).*

Oberhalb von Acciaroli geht es nach *Pollica* mit phantastischer Fernsicht auf die Cilentoküste. Ein kulinarischer Tipp in den Hügeln ca. 12 km landeinwärts in *San Mauro Cilento* ist *Al Frantoio (im Sommer tgl., sonst Mo–Fr geschl. | Ortsteil Ortale | Tel. 09 74 90 32 39 | €)* der *Cooperativa Nuova Cilento,* die eines der besten Bioolivenöle Italiens produziert *(www.cilentoverde.com).*

Weiter an der Küste folgt das dörfliche *Pioppi* mit Kiesstrand und Klippen. Der *Palazzo Vinciprova (Juni–Mitte Sept. Mi–Mo 9.30–12.30 und 18–22, Mitte Sept.–Mai 9.30 bis 12.30 und 15–19 Uhr | Via Caracciolo 146)* aus dem 17. Jh. beherbergt ein sehenswertes Meeresmuseum und eine Ausstellung zur Mittelmeerküche. Bestechend ist die Lage direkt am Strand des Familienhotels *La Vela (50 Zi. | Via Caracciolo 96 | Tel. 09 74 90 50 25 | Fax 09 74 90 51 40 | www.lavelapioppi.com | €–€€)* mit eigenem sommerlichem Restaurant.

Wer gern an einem Hafen sitzt, um fangfrischen Fisch zu essen, dem sei im Nachbarort *Marina di Casal Velino* [128 B4] das Hotelrestaurant *Il Porto-La Morgana (14 Zi. | im Winter Di geschl. | Via Angelo Lista 21 | Tel. 09 74 90 77 44 | www.hotelilporto.com | €–€€)* empfohlen. Über der Hafenbucht thront ein trutziger Sarazenenturm aus dem 13. Jh., stilgerecht restauriert, mit einer schönen großen Ferienwohnung (€€–€€€), zu mieten über *www.italimar.com.* Insider Tip

PUNTA LICOSA ★ [126 B6]

Leucosia, eine der drei Sirenen, wartete auf dieser bergigen, mit grüner Macchia bedeckten Landspitze mit der winzigen, vorgelagerten Isola Licosa auf Odysseus. Landschaftlich wunderschön laufen die Anhöhen zum Meer hin in Felder und Oliven-

Steilküste bei Marina di Camerota: Urlaub am Meer-Busen der Natur

haine aus, eine bäuerliche und zugleich naturwilde Landschaft zum Wandern. Taucher und Schnorchler hingegen schätzen die felsige Küste.

In *Ogliastro Marina* gibt es ein paar kleine Hotels – einfach, aber mit Flair – direkt am Meer mit sehr ordentlichen Zimmern und besonders schmackhafter Lokalküche, so *Il Cefalo (8 Zi. | Tel./Fax 09 74 96 30 19 | www.ilcefalo.it | €)* und *Da Carmine (13 Zi. | Via Provinciale | Tel. 09 74 96 30 23 | www.albergodacarmine.it | €–€€)*. Von Ogliastro geht es durch einen Pinienhain an den Strand der Landspitze.

MARINA DI CAMEROTA

[129 D6] **Die Straße von Palinuro bohrt sich durch Felsvorsprünge, flankiert helle, freie Strände mit feinem Sand, während landeinwärts die bewaldeten Berge ansteigen.** Vor ▶▶ Marina di Camerota (2300 Ew.), zusammen mit Palinuro das Ferienzentrum des südlichen Cilento, werden die Campingplätze und Feriendörfer im Schatten von Olivenbäumen und Pinien immer zahlreicher. Zu den Naturschönheiten zählt die ★ Steilküste von Marina di Camerota zwischen der Punta degli Infreschi im Süden und Capo Palinuro mit ihren in den Stein gegrabenen Buchten sowie zahlreichen Grotten. Eine Grotte am *Mingardo*-Strand beherbergt die stimmungsvolle Sommerdisko *Il Ciclope*.

ESSEN & TRINKEN

LA CANTINA DEL MARCHESE

Man sitzt zwischen Fässern köstlichen Weins und lässt sich Salami, Schinken und Käse aus den Bergen schmecken. Am Wochenende Gerichte lokaler Küche, wie man sie sonst kaum mehr serviert bekommt: eine Institution. *Mittags und im Winter Mo–Fr geschl. | Via del Marchese 15 | Tel. 09 74 93 25 70 | €*

IL PIRATA DI PUNTA INFRESCHI Insider Tipp

In der zauberhaften Baia degli Infreschi *(zu Fuß ca. 2 Std., ansonsten mit den Booten, die in die Badebuchten bringen, ca. 6 Euro)* sitzt man an Holztischen im Schatten, aus der Küche in einer Grotte kommen gegrillte *gamberoni*, Fischsuppe, Spaghetti mit frischen Sardellen, alles sehr gut. *Nur Juni–Mitte Sept. mittags (€), abends auf Bestellung reiches Fischmenü inkl. Bootstransfer (€€€) | Tel. 33 35 91 74 13*

ÜBERNACHTEN

HOTEL AMERICA

Helles, ansprechendes Hotel in einem gepflegten Garten mit Pool, zentral gelegen. *54 Zi. | Via Bolivar 84 | Tel. 09 74 93 21 31 | Fax 09 74 93 21 77 | www.americahotel.it* | €–€€€

CALANCA

Sympathische Familienpension mit gutem Essen, zentral und direkt am Meer beim schönen Sandstrand Calanca. Ganzjährig geöffnet, auch Vermietung von elf neuen Ferienwohnungen. *20 Zi. | Via L. Mazzeo 60 | Tel. 09 74 93 21 28 | Fax 09 74 37 98 68 | www.hotelcalanca.com* | €

HAPPY VILLAGE

Das größte, bestausgestattete (Segel-, Tauch- und Surfunterricht, Wellnessbereich) und vielleicht auch schönste Feriendorf (Bungalows) in altem Olivenhain an hübscher Badebucht. *Cala d'Arconte | Tel. 09 74 93 23 26 | Fax 09 74 93 27 69 | www.happyvillage.it* | €€–€€€

FREIZEIT & SPORT

Auf alten Maultierpfaden führen Wanderungen in die Berge und Wälder im Hinterland, durch die reiche Flora des Cilento, zu der die nur hier im März/April vorkommende *primula palinuri* gehört, eine einzigartige Primelart und Symbol des Nationalparks. Oder man wandert über die Felsküste mit ihrem einmaligen Panorama. Lassen Sie sich von Nationalparkführer Giacomo Ciociano begleiten, der schöne, kenntnisreiche Touren anbietet: *Assitur (Via Bolivar 17 | Tel./Fax 09 74 93 27 98 | www.assitur.com)*. Ausflugsboote bringen Sie zu den in wunderbaren Farben schillernden Meeresgrotten, und im Sommer verkehren regelmäßig Boote zu den nur vom Meer her oder über lange Fußwege zu erreichenden Badebuchten (ca. 6 Euro), im Hafen stehen entsprechende Infokioske. Ausfahrten mit Fischgrillen am Strand, tagsüber oder – besonders stimmungsvoll – nachts, organisiert die

Nur per Boot oder nach zwei Stunden Fußmarsch zu erreichen: Baia degli Infreschi

Fischergenossenschaft *Cooperativa Cilento-Mare* am Hafen *(Tel. 09 74 93 29 78 | www.coopcilentomare.com)*. Bei Tauchern beliebt sind die Unterwassergrotten *(www.diving*

camerota.it). Eine der Tourismusagenturen, die geführte Wanderungen, Ausflüge, Bootstouren, Unterkünfte, Mietwagen etc. vermitteln, ist *Agenzia Infante Viaggi e Turismo (Via Nazario Sauro 65 | Tel. 09 74 93 29 38 | Fax 09 74 93 91 11 | www.agenziainfanteviaggi.it)*.

AUSKUNFT

Via Porto 27 (am Hafen) | Tel. 09 74 93 29 00 (Ostern–Sept.) | 09 74 93 21 45 (Okt.–Ostern)

ZIELE IN DER UMGEBUNG

CAMEROTA [129 D6]

Die alte Siedlung im Landesinnern (10 km) liegt malerisch auf einer Bergkuppe. Im Sommer findet hier jeden Mittwochabend *(18–24 Uhr)* ein *Handwerkermarkt* statt mit typischen Produkten der Gegend wie Tonkrügen, Keramik, Körben, Geschnitztem aus dem Holz von Oliven- und Johannisbrotbaum. Eine rustikale Pizzeria-Trattoria mit tollem Ausblick ist das *Al Castello (Mo geschl. | Piazza Castello | Tel. 09 74 93 50 09 | €)*.

Im Dorf *Licusati* oberhalb von Camerota bietet ein stattlicher Renaissancepalazzo eine charmant-altmodische Unterkunft, auf dem nahen eigenen Bauernhof kann man essen: *Palazzo Crocco (6 Zi. | Largo Crocco | Tel. 09 74 93 70 14 | www.palazzocrocco.it | €–€€)*.

SAPRI [129 F5]

Sympathischer, 36 km entfernter Küstenort (7500 Ew.) mit guten Stränden, sauberem Wasser sowie kampanischer Bauernküche an der zentralen Piazza Plebiscito: *'A Cantina i Mustazzo (Mi geschl. | Tel. 09 73 60 40 10 | €)* und *Cantina r'u Ranco (Mo geschl. | Tel. 09 73 60 37 06 | €–€€)*. Sapri liegt am Golf von Policastro an der Grenze zur Region Basilikata, die hier mit der Küste von Maratea beginnt, einem weiteren, besonders reizvollen Küstenflecken Süditaliens. Auf dem Weg nach Sapri, einer schönen Tour mit herrlichen Ausblicken auf die Berge der Basilkata und Kalabriens, liegt das verträumte Küstendorf *Scario* mit seiner hübschen Dorfkirche auf der Piazza und einer einladenden Meerespromenade.

Insider Tipp

PAESTUM

[126 B4] ★ **Nachts im Scheinwerferlicht wirken die Tempel in ihrer Perfektion wie die Kulisse eines Hollywoodschin-**

> LOW BUDGET

- > Bergdörfer als Freilichtmuseen: Beim Bummel durch malerische verlassene Bergdörfer wie *Roscigno Vecchio* bei Felitti in den Monti Alburni und *San Severino Centola* bei Palinuro stellt man sich vor, wie man im Cilento vor nicht langer Zeit noch gelebt hat.
- > Die Küstenorte des Cilento haben eine Menge kleiner Hotels mit guten Restaurants zu im italienischen Vergleich noch sehr günstigem Preis zu bieten; einige finden Sie hier im Reiseführer.
- > Im Cilento lebt man nicht nur für den Tourismus; so gibt es in jedem Dorf, jedem Städtchen die bunten Wochenmärkte, auf denen man sich preiswert mit Kulinarischem oder Haushaltswaren eindecken kann.

kens, doch bei Tageslicht stört so manches Absperrgitter. Was man im 18. Jh. aus wuchernder Vegetation herauszuschälen begann, entpuppte sich als Zentrum einer großen Stadt griechischer Gründung (6. Jh. v. Chr.) und römischer Kolonisierung (3. Jh. v. Chr.): drei gewaltige, erstaunlich gut erhaltene Tempel, Reste des Amphitheaters, der Agora (des griechischen Versammlungsplatzes) und des Forums (des römischen Versammlungsplatzes) sowie dicke Festungsmauern aus dem 5. Jh. v. Chr.

SEHENSWERTES

MUSEO ARCHEOLOGICO NAZIONALE

Das sehenswerte Museum zeigt, was die Tempelstadt einst schmückte: Steinreliefs, Terrakottastatuen, bemalte Grabplatten und ein sensationeller Fund: die *tomba del tuffatore,* auf deren Steindeckelgemälde ein Mann von einem Turm in ein Becken springt, der symbolische Sprung vom Leben in den Tod, heute das allgegenwärtige Logo Paestums. *Tgl. 9–18.30 Uhr, 1. und 3. Mo im Monat geschl. | Via Magna Grecia 167*

TEMPEL

Von den drei Tempeln im dorischen Stil, die man sich einst bunt angemalt und mit Steinmetzverzierungen vorstellen muss, ist der schönste und besterhaltene der sogenannte *Tempio di Nettuno.* In der gewaltigen Basilika zur Linken wurde Hera verehrt. Unter den Römern bekam sie ein neues Dach und einen neuen Kult, den der Juno, der römischen Entsprechung der griechischen Hera. Der letzte, nördliche Tempel galt Athene, wie beim Tempel gefundene Votivfigürchen mit Helm und Schild bezeugen. Von den weitläufigen Wohnsiedlungen im Westen der Anlage ist das meiste noch nicht ausgegraben. *Tgl. 9 Uhr–1 Std. vor Sonnenuntergang*

ESSEN & TRINKEN

NONNA SCEPPA

Gefüllte Artischocken, Deftiges vom Schwein, interessante Fischgerichte,

Tomba del tuffatore: symbolträchtige Sarkophagplatte in Paestum

Kichererbsen und Meeresschnecken: beste Traditionsküche in diesem großen, lebhaften Lokal mit schöner Terrasse nahe den Tempeln. *Do und im Winter abends geschl. | Contrada Laura 53 | Tel. 08 28 85 10 64 | www.nonnasceppa.com* | €€

LA PERGOLA
Probieren Sie die Kürbiscreme mit Meeresfrüchten und vieles mehr. An der Straße der Tempel, 3 km Richtung Capaccio Scalo. Eine angenehme Oase mit Sommergarten. *Mo geschl. | Via Magna Grecia 1 | Tel. 08 28 72 33 77* | €€

TENUTA SELIANO
Unweit der Tempel bei Capaccio liegt dieses geschmackvolle Landgut (auch 14 Zimmer und Pool) mit ausgezeichneter Lokalküche auf Bestellung – lohnend auch für einen längeren Aufenthalt. *Tel. 08 28 72 36 34 | Fax 08 28 72 45 44 | www.agriturismoseliano.it* | €–€€

EINKAUFEN

Die Ebene von Paestum ist das Herzland des sahnigen, flockigen Büffelmozzarellas. In Gehegen mit Tümpeln sieht man die großen, schwarzen Wasserbüffelkühe. Überall längs der Staatsstraße 18 Richtung Battipaglia gibt es Verkaufsstellen, eine bewährte Adresse ist die Biokäserei *Caseificio Vannulo (Via Galileo Galilei 10 | Capaccio Scalo | www.vannulo.it)*. Kaufen und in allen Varianten kosten kann man den Mozzarella im Gutshof *Fattoria del Casaro (Via Licinella 5 | Tel. 08 28 72 27 04 | www.lafattoriadelcasaro.it | €)* mit schönem Garten nahe den Tempeln.

Insider Tipp

Seit mehr als 2500 Jahren trotzt der Hera-Tempel in Paestum dem Zahn der Zeit

ÜBERNACHTEN

SCHUHMANN
Ein elegantes Strandhotel mit eigenem Strand, umgeben von einem Pinienwald. *53 Zi. | Ortsteil Laura, Via Laura Mare 1 | Tel. 08 28 85 11 51 | Fax 08 28 85 11 83 | www.hotelschuhmann.com* | €€–€€€

VILLA RITA
300 m zur antiken Stadt ein sorgfältig eingerichtetes, kleines Hotel mit Pool im Grünen. *19 Zi. | Tel. 08 28 81 10 81 | Fax 08 28 72 25 55 | www.hotelvillarita.it* | €

ZIEL IN DER UMGEBUNG

GROTTA DI CASTELCIVITA ★ [127 D3]
Im Karst der Monti Alburni bei Castelcivita 25 km im Landesinneren tut sich tief im Tal des Calore diese

spektakuläre Tropfsteinhöhle auf, mit 4 km Tiefe die wohl größte und abwechslungsreichste der vielen Höhlen im Cilento. *Führungen Mitte März–Sept. tgl. 10, 11, 12, 13, 14.30, 15.30, 16.30, 17.30, 18.30 Uhr, Okt. bis Mitte März tgl. 10, 11.30, 13.30, 15.30, 16.30 Uhr* | *www.grottedicastelcivita.it*

PALINURO

[128 C6] ▶▶ **Palinuro hieß der Steuermann des Äneas, und hier am Kap, in reißender Brandung und zerrenden Winden, ging er zu Grunde. Vergil beschreibt es im Epos Äneis.** Der Mythos greift reale Gegebenheiten auf: Tatsächlich müssen die Winde um das Kap Seefahrern aller Zeiten zu schaffen gemacht haben. Von einem bedeutenden, über 2000 Jahre alten Stützpunkt, zeitgleich zur großen Griechenstadt Velia, zeugen die Siedlungsreste von La Molpa im Süden des Kaps auf der felsigen, steilen Anhöhe (hier auch Ruine eines mittelalterlichen Kastells). Eine schöne Wanderung führt hinauf, die allein wegen des atemraubenden Weitblicks lohnt. Velia und La Molpa sind untergegangen, Palinuro (1800 Ew.) dagegen ist heute ein quirliges Sommerferienzentrum. Um Palinuro und Capo Palinuro findet man herrliche Strände, etwa *Baia del Buondormire, Spiaggia della Marinella* oder *Cala del Cefalo*

ESSEN & TRINKEN

AZIENDA AGRITURISTICA ISCA DELLE DONNE

Bauernküche des Cilento mit viel selbst Erzeugtem: Gemüse, Salami, Käse, Honig, Wein und Olivenöl. Man sitzt hübsch ländlich. Auch drei hölzerne Ferienhäuser und viele Tiere (Pferde zum Ausreiten). *Juni bis Sept. tgl., sonst Sa/So | Centola-Palinuro | Tel. 09 74 93 18 26 | www.iscadelledonne.com* | €

AZIENDA AGRITURISTICA SANT'AGATA

Bauernhof in den Bergen in herrlicher Panoramalage. Schmackhafte Küche (im Sommer, nur auf Bestellung) vom Hof, aus Wald und Meer, dazu sieben Zimmer, zwei Cottages

> BLOGS & PODCASTS

Gute Tagebücher und Files im Internet

- > *http://forum.tiamoitalia.de* – Forum, in dem Italienliebhaber Infos, Erfahrungen usw. austauschen, so auch zum Golf von Neapel
- > *www.ingrids-reisewelt.de* – recht lebhafter Austausch von Infos zu verschiedenen Reisezielen, darunter auch der Golf von Neapel
- > *www.holidaycheck.de* – Bilder, Videos und Reisetipps von Urlaubern zu Neapel bzw. Kampanien
- > *www.campaniapodcast.it* – hier kann man sich zu Sehenswertem, Landschaften, Aktivitäten am Golf und in Kampanien schöne Bilderserien auf iPod oder Handy laden

Für den Inhalt der Blogs & Podcasts übernimmt die MARCO POLO Redaktion keine Verantwortung.

Blickfang: Felsentor am Strand bei Palinuro

und Zeltplätze. *Contrada Sant'Agata | Tel./Fax 09 74 93 17 16 | www.agriturismosantagata.it* | €

DA CARMELO

Das Traditionsrestaurant Palinuros. Im gleichen Haus geschmackvolle Ferienwohnungen. *Mo geschl. | Ortsteil Isca delle Donne | Tel./Fax 09 74 93 11 38* | €€

EINKAUFEN

Den berühmten Cilentohonig aus Baumerdbeeren gibt es im nahen *San Mauro la Bruca: Azienda Agricola Prisco (mit 6 Zi. und Mahlzeiten | Contrada Valle degli Elci | Tel. 09 74 97 41 53 | www.mieledelcilento.com).*

ÜBERNACHTEN

ARCO NATURALE CLUB

Hotel, Bungalows und Camping in einem riesigen, schönen Olivenhain am Meer beim Felsbogen Arco Naturale. Mit Tauchschule. *Spiaggia Mingardo | Tel. 09 74 93 11 57 | Fax 09 74 93 19 75 | www.arconaturaleclub.it* | €€

AZIENDA AGRITURISTICA FORNO ANTICO

Eigentlich ein bäuerliches Anwesen bei San Mauro la Bruca, das sich zu einem Landhotel entwickelt hat mit Pool, Tennis, Mountainbikes und Pferden. *25 Zi. | Tel. 09 74 97 42 03 | www.ilfornoantico.it* | €€

KING'S RESIDENCE HOTEL

In Stufenbau auf der Anhöhe über der besonders schönen Badebucht Baia del Buondormire. *31 Zi. und 36 Zi. in Häuschen | Ortsteil Piano Faracchio | Tel. 09 74 93 13 24 | Fax 09 74 93 14 18 | www.hotelkings.it* | €€–€€€

VILLAGGIO DEGLI OLIVI

Weiße Bungalows im maurischen Stil zwischen Oleander, Bougainvillea und Olivenbäumen; Tauchkurse, Sand- und Felsstrand. *Okt.–Mai geschl. | Corso Pisacane 171 | Tel. 09 74 93 85 01 | Fax 09 74 93 81 55 | www.villaggiodegliolivi.it* | €€

FREIZEIT & SPORT

BOOTSTOUREN ★

Bootsverleih, Bootsausflüge zu Badebuchten in herrlichen Felsszenarien, zu denen man nur vom Meer gelangt, sowie zu den spektakulären Grotten – blau, silbern, blutrot – im Kalkfelsen des Kaps von Palinuro und zu den schönsten Stränden oder eine nächtliche Tour mit Grillfest am Strand organisiert z.B. *Cooperativa Palinuro Porto (im Sommer Info-*

kiosk am Hafen | *www.palinurocoop.com).*

AUSKUNFT

Mai–Sept. | *Piazza Virgilio* | *Tel. 09 74 93 81 44.* Hier Adressen von Kooperativen, die Wanderungen und Touren veranstalten. Vermittlung von Unterkünften sowie organisierte Touren zu den Sehenswürdigkeiten im Hinterland: *Cilento Viaggi* | *Via Acqua dell'Olmo 248* | *Tel. 09 74 93 13 62* | *Fax 09 74 93 15 77* | *www.cilentoviaggi.com*

ZIELE IN DER UMGEBUNG

CERTOSA DI SAN LORENZO, TEGGIANO UND GROTTA DI PERTOSA

Kurve um Kurve geht es ins Bergland hinein, bis sich die Straße zu strecken beginnt und schließlich nach rund 60 km in den *Vallo di Diano* einmündet, die weite, von Bergen gefasste Ebene des Flusses Tanagro voller Felder. Beim besuchenswerten Städtchen *Padula* [129 F2] liegt die 1300 gegründete ★ *Certosa di San Lorenzo (Mi–Mo 9–19.30 Uhr),* die größte Kartause Italiens. Im 17. Jh. bekam sie ihre Weitläufigkeit in elegantem Barock: Fresken und Holz- und Perlmuttintarsien schmücken Kapellen und Kirchen, Majolika die einladende Küche. Heute steht die Kartause unter Unesco-Schutz, 350 000 Menschen besuchen sie jährlich.

In ihren Gemäuern ist auch das *Museo Archeologico* mit Funden aus dem Cilento untergebracht. Im Sommer finden hier Theateraufführungen und Konzerte und ab September renommierte Ausstellungen zeitgenössischer Kunst statt. In der Kartause findet sich auch das Fremdenverkehrsamt.

Insider Tipp

In der monumentalen Certosa di San Lorenzo: Museum, Konzerte, Ausstellungen und Theater

Vor den Toren des Klosters bekommen Sie in der einfachen Trattoria *Do'Giulino (Fr geschl. | Viale Certosa | Tel. 097 57 73 35 | €)* zartes gegrilltes Lamm und einen wunderbar satten, schwarzroten Landwein. Und für die Nacht stehen die Pforten eines stimmungsvollen, mit Fresken und Mosaiken geschmückten Palazzos im Kern Padulas offen: *Villa Cosilinum (24 Zi. | Corso Garibaldi | Tel. 09 75 77 86 15 | Fax 09 75 77 88 00 | www.villacosilinum.it | €€)* mit Restaurant.

Weiter gen Nordwesten geht es in das reizvolle alte Städtchen *Teggiano* [129 E2] mit restauriertem Kastell und zahlreichen sehenswerten Kirchen sowie dem interessanten Naturkundemuseum *Museo delle Erbe (Mi–Sa 8.30–13.30 Uhr | Via Santissima Pietà).* Fragen Sie hier auch nach dem dazugehörigen Bauernmuseum. Ein Einkaufstipp sind die exzellenten Käse wie Mozzarella, *caciocavallo* (ein mildwürziger Kuhkäse), *scamorza* und *provola affumicata* (geräucherte Käse) in der renommierten Käserei *La Teggianina (Via Pantano 6 | www.lateggianina.it)* im Nachbardorf *Pantano.*

Über das 20 km weiter nördlich gelegene Polla gelangen Sie zur *Grotta di Pertosa (*[127 F2]*, März bis Okt. tgl. 9–19, Nov.–Feb. 9–16 Uhr | www.grottedellangelo.sa.it),* einer weiteren spektakulären Tropfsteinhöhle. Ein unterirdischer Fluss grub sie. Per Boot geht es hinein in die bizarre Zauberwelt.

PISCIOTTA [128 C5]

Noch malerischer wäre dieser Weiler auf einer Bergkuppe am Meer ohne die Straßenbetonpfeiler, die den ersten Eindruck trüben – doch in der autofreien Altstadt können Sie in drei geschmackvollen Ferienwohnungen mit herrlichen Ausblicken wohnen: *Casa Pixos (Via Canto del Gelso 22 | Tel. 09 74 97 37 92 | Fax 09 74 97 36 47 | casapixos@tiscali.it | €€).* In der Umgebung liegen auch einige Bauernhöfe mit gutem Essen und Ferienunterkünften, z. B. *Principe di Vallescura (8 Zi., 1 Apartment | Ortsteil Vallescura | Via Marina Campagna | Tel. 09 74 97 30 87 | Fax 09 74 97 30 31 | www.principedivallescura.com | €)* oder die *Locanda del Fiume (14 Zi. | Via Fiori | Tel./Fax 09 74 97 38 76 | www.amachina.it | €€)* in einer alten Mühle mit elegant-ländlichen Zimmern und Pool.

Zum Ort gehören ein kleiner Bahnhof (für den Zug von Salerno) und eine Fischersiedlung am Meer, die auf den Fang von Sardellen *(alici)* spezialisiert ist. Diese bekommt man köstlich zubereitet z. B. im *Ristorante Angiolina (April bis Okt. tgl. | Via Passariello 2 | Tel. 09 74 97 31 88 | €)* am Meer.

VELIA [128 B4–5]

Jenseits von Ascea liegen die eindrucksvollen Ruinen von Velia, einst eine bedeutende griechische Hafenstadt. Die weitläufige Ausgrabungsstätte mit Resten der Akropolis, Theater, Thermen, Wohnbauten und der *Porta Rosa,* dem einzigen perfekt erhaltenen griechischen Torbogen aus dem 4. Jh. v. Chr., umfasst ein doppelt so großes Gelände wie Paestum. *Tgl. 9 Uhr–1 Std. vor Sonnenuntergang*

> BAUDENKMÄLER UND BERGEINSAMKEIT

Ein Tagesausflug zum monumentalen Schloss von Caserta und eine Entdeckungstour durchs bergige Hinterland des Cilento

Die Touren sind auf dem hinteren Umschlag und im Reiseatlas grün markiert

1 UM CASERTA: ANTIKE MYTHEN UND NEUZEITLICHER PRUNK

Um Caserta und Capua, im nördlichen Hinterland Neapels in der Volturnoebene, liegt eines der geschichtsträchtigsten Gebiete Süditaliens mit faszinierenden Sehenswürdigkeiten. Zu einigen davon führt die hier vorgeschlagene Route von knapp 60 km Länge. Ausgangs- und Endpunkt ist Capua (von Neapel in einer halben Stunde zu erreichen). Mit ausreichend Zeit für Besichtigungen sollten Sie einen vollen Tag einplanen.

Im Norden Neapels erstreckt sich die flache, ungemein fruchtbare Ebene des Flusses Volturno zwischen der Meeresküste und der eindrucksvollen Kulisse der karstigen Bergkegel des kampanischen Apennins. Hier siedelten und bekriegten sich Etrusker, Römer, Samniten, Langobarden und Normannen an strategischer Stelle für den Zugang zum Sü-

Bild: Schlosspark in Caserta

AUSFLÜGE & TOUREN

den. Dank des Klimas und der Vulkanerde von jeher der Gemüsegarten Kampaniens, fasziniert auch heute noch die üppige, satte Vegetation, obschon sie an vielen Stellen von beispiellos hässlicher Zersiedlung beeinträchtigt wird.

Das sollte Sie nicht abschrecken, schon wegen der beeindruckenden Spuren der alten Kulturlandschaft, aber auch, weil es immer noch Oasen gibt, etwa den idyllischen Hain aus Apfelsinen- und Zitronenbäumen auf dem gepflegten Landgut der Familie Pasca di Magliano am Fluss Volturno bei Capua (1 km nordwestlich Richtung Brezza). Mit fünf Gästezimmern, fünf Apartments, gutem Essen, selbst gemachten Obst- und Gemüsekonserven und Schwimmbad ist es ein ideales Basisquartier *(Masseria Giò Sole | Capua | Via Giardini 31 | Tel. 08 23 96 11 08 | Fax 08 23 96 81 69 | www.masseriagiosole.com | €–€€)*.

Insider Tipp

In **Capua** *(S. 45)*, eine römische Gründung an der Via Appia und einst Hauptstadt eines langobardischen Fürstentums, heute eine lebhafte Kleinstadt mit barocken Fassaden im Kern, lohnt der Besuch des **Museo Campano** mit seiner ungewöhnlichen Sammlung vorrömischer Kunst- und Kultgegenstände. 4 km südöstlich liegt das noch ältere Capua etruskischer Gründung, heute **Santa Maria Capua Vetere** *(S. 45)*, in römischer Zeit eine der wichtigsten Städte ganz Italiens. In seinem gut erhaltenen **Amphitheater** gab es eine berühmte römische Gladiatorenschule.

Nach 6 km (alles gut ausgeschildert) erreicht man durch Siedlungsgewirr die Provinzhauptstadt **Caserta** (37 000 Ew.), die von der riesigen **Schlossanlage** der Bourbonen beherrscht wird. Die neapolitanischen Könige des 18. Jhs. träumten von einem „Versailles des Südens", von arkadischer Natur und üppigen Jagdgründen. 1751 war es so weit: Bourbonenkönig Karl III. hatte beim alten Bischofssitz Caserta Vecchia den Flecken für seine „Reggia" ausgemacht. Von 1752 bis 1773 baute der berühmte italoflämische Baumeister Luigi Vanvitelli an dieser Alternative zum Stadtpalast in Neapel. Es entstand ein prunkvoller, überdimensionaler Fremdkörper, damals mitten in schlichtem, einsamem Bauernland, heute im geschäftigen Treiben des modernen Caserta. Auf seinen weitläufigen 44 000 m² Grundfläche mit den 1200 Räumen (darunter der in Gold ausgeschlagene Thronsaal) und dem enormen Treppenhaus mit seinem Perspektivenspiel verlieren sich 1,5 Mio. Besucher im Jahr.

In den königlichen Gemächern in spätbarocker Pracht können Sie die große, lebendige, typisch neapolitanische Krippe aus dem 18. Jh. bewundern, vor der die Bourbonenkönige Weihnachten feierten, sowie die verklärenden Gemälde des deutschen Hofmalers Jacob Philipp Hackert, die Bibliothek und schließlich (auch getrennt zu besichtigen) die *Sammlung Terrae Motus*: Insider Tipp Werke zeitgenössischer internationaler Künstler wie Jannis Kounellis, Joseph Beuys, Gilbert & George und vieler anderer zum Thema Erdbeben in Süditalien 1980 *(Schloss Mi–Mo 8.30–19.30 Uhr)*.

Hinter dem Schloss steigt die kilometerlange, schmale **Parkanlage** *(Mi bis Mo 8.30 Uhr–2 Std. vor Sonnenuntergang)* an, eine Folge von wohl geordneten Alleen und in großen Becken abgestuften Wasserkaskaden. Es wirkt, als schlüge sie eine „zivilisierte" Bresche in die wildwüchsigen Wälder und ersten rauen Berge im Norden Casertas. Im hinteren Teil des Parks überrascht der exotische, hochromantische englische Garten. Wer nicht laufen will, fährt mit Bussen, Fahrrädern oder Pferdekutschen durch den Park. Zur Parkanlage des Schlosses gehört auch der imposante Aquädukt vom Hofarchitekten Luigi Vanvitelli, der die Kaskadenterrassen mit Wasser aus den Bergen versorgt. Anschließend lohnt ein Abstecher nach **Maddaloni** im Südosten Casertas, wo man den gewaltigen, begehbaren Aquädukt **Valli di Maddaloni** vor sich sieht.

Zurück in Caserta geht es nordöstlich über eine gewundene Straße durch bäuerliche Landschaft die Anhöhen hinauf ins malerische **Caserta Vecchia,** ins alte Caserta (ca. 10 km), einen gut erhaltenen, mittelalterlichen Weiler langobardischer Gründung auf den ersten Berganhöhen mit tollem Blick auf die Ebene, den Vesuv und den Dunst oder die Lichter Neapels. Das Auftauchen der Bourbonen, die Errichtung des spieltem Kunsthandwerk. Der Slow-Food-Tipp am östlichen Rand des Orts verspricht sorgfältige Lokalküche: **Gli Scacchi** *(Mo geschl. | Via San Rocco 1 | Tel. 08 23 37 10 86 | €–€€).* In der ersten Septemberwoche verwandelt sich der Ort in einen Schauplatz von Tanz-, Theater- und Musikveranstaltungen.

Im 18. Jh. ließen sich Neapels Bourbonenkönige in Caserta ihr „Versailles des Südens" bauen

Schlosses und der Neustadt Caserta in der Ebene verursachten vor 200 Jahren den Niedergang des alten Caserta, das einst sogar Bischofssitz war. Heute ist Caserta Vecchia ein belebtes und beliebtes Ausflugsziel mit dem eindrucksvollen **Dom** (1153) in arabisch-normannischer Romanik aus graubraunem Lavatuff mit wunderschönem Turm, mit einladenden Trattorien, Cafés und Läden mit ver-

Weiter durch die Berge führt ein gewundenes Sträßchen auf die SS 87, eine schöne Landschaftsstrecke zwischen Caserta und Sant'Angelo in Formis bzw. Capua. Hier stößt man auf **San Leucio,** die einst hochberühmte königliche **Seidenmanufaktur** mit ihrer frühindustriellen Arbeiterreihensiedlung **Quartiere San Carlo.** Heute kann man die restaurierten königlichen Anlagen besichtigen, den **Com-**

plesso Monumentale Belvedere San Leucio *(Mi–Mo tgl. Führungen 9–16.30 Uhr)* mit einem Industriemuseum zur Seidenherstellung, einem Barockgarten und einem tollen Panorama über die Ebene Casertas. Im *Antico Opificio Serico De Negri* *(Mo–Fr 9–12 und 15–18, Sa 9–12 Uhr | Piazza della Seta | www.aos.it)* werden noch immer an alten, handbetriebenen Webstühlen kostbare Stoffe gewebt. Ein recht feines Lokal mit gepflegter kampanischer Küche ist die Antica Locanda *(So-Abend und Mo geschl. | Piazza della Seta 8/10 | Tel. 08 23 30 54 44 | €–€€)*.

Insider Tipp

Von hier geht es weiter hinauf nach Sant'Angelo in Formis *(S. 45)* zu den wunderbaren Fresken in der Basilika in herrlicher Lage (6 km). Zurück nach Capua sind es dann nur noch 5 km.

2 DURCH DEN KARST DES CILENTO

Eine Tour durchs Landesinnere mit karstigen Kalkbergen, die sich mal schroff und abrupt erheben, mal von Wäldern bedeckt zu den Flussebenen abfallen, zu den Monti Alburni mit zwei besonders schönen Tropfsteinhöhlen. Schließlich geht es zur imposanten Barockkartause von Padula. Für die insgesamt rund 300 km bis zum Endpunkt in Teggiano sollten Sie mit Besichtigungen zwei Tage einplanen; wenn Sie unterwegs eine Bergwanderung unternehmen wollen, sind drei Tage das Minimum.

Hinter Eboli mit einem beschaulichen Stadtkern und den Resten der normannischen Klosteranlage San Pietro alli Marmi geht es von der SS 91 auf die SS 19 ins vegetationsreiche Flusstal des Sele. Ein Abstecher (8 km) führt nach Persano mit bourbonischem Jagdschlösschen (heute Militärschule) und WWF-Naturoase.

Auf der SS 19 geht es auf 600 m ins malerische, schön gelegene Sicignano degli Alburni mit Kastellruine. Die Weiterfahrt führt ins Tanagrotal unter der Autobahn hindurch zurück auf die SS 19 nach Pertosa zur gleichnamigen berühmten Tropfsteinhöhle *(S. 95)*. Wer sie in Ruhe besichtigen will, kann im ordentlichen Hotel Grotte *(18 Zi. | Via Muraglione 33 | Tel. 09 75 39 70 45 | Fax 09 75 39 70 43 | www.hotelgrotte.it | €)* mit gutem Restaurant *(Winter Di geschl.)* übernachten.

Vom nahen Polla aus (in der hoch gelegenen Altstadt die Kirche Sant'Antonio di Padova mit reichem Bilderschmuck aus dem 17. Jh.) können Sie tags darauf die landschaftlich schöne Bergstrecke nach Sant'Angelo a Fasanella nehmen. Hier besucht man die beeindruckende, frühmittelalterliche Grottenkirche San Michele, die sich aus mehreren Grotten voller Altäre zusammensetzt, mit Bildern und Fresken aus dem 14./15. Jh. Ein guter Ausgangspunkt für Wanderungen in die Berge sowie für den Besuch der eindrucksvollen Tropfsteinhöhle von Castelcivita *(S. 91)* ist das freundliche Landhaus *Antico Casolare (5 Zi. | Via Piano del Suvero | Castelcivita | Tel. 08 28 77 29 85 | Fax 09 74 82 78 49 | www.anticocasolare.com | €)* im Grünen.

Insider Tipp

Von hier geht es weiter über Bellosguardo und *Roscigno Vecchio,* ein altes Dorf, einst verlassen und heute pittoreskes Ausflugsziel, in den sympathischen Bergort Laurino. Hier beherrscht der Monte Cervati die Land-

Insider Tipp

Hier können Sie „U-Boot" fahren: Grotta di Pertosa

schaft, ein von Wanderwegen erschlossenes Berggebiet. Beim Dorf Piaggine empfiehlt sich der Landgasthof **Agriturismo Le Grazie** *(8 Zi. | Restaurant Mo geschl. | Via Madonna delle Grazie | Tel. 09 74 94 09 02 | www.turismoruralelegrazie.it | €).*

Mit dem Wallfahrtsort **Madonna della Neve** unterhalb des Gipfels (nur zu Fuß zu erreichen) und dem noch bedeutenderen Sanktuarium **Madonna di Novi Velia** beim heiligen Berg Monte Sacro, auch Monte Gelbison genannt, konzentrieren sich hier die traditionellen Glaubensstätten der Bergbauern und Hirten des Cilento. Von **Novi Velia** aus führt eine Straße durch dichte Wälder hinauf auf 1500 m (7 km), die restlichen 200 m zur Kirche (15. Jh.) geht man dann zu Fuß. In **Massa** an der Abzweigung nach Novi Velia lädt **La Chioccia d'Oro** *(Fr geschl. | Tel. 097 47 00 04 | www.chiocciadoro.com | €)* mit gutem, preiswertem Essen ein.

Wer von Vallo della Lucania hinunter ans Meer möchte, biegt von der SS 18 auf die SS 447 a gen Süden, eine rund 50 km lange, gewundene und landschaftlich sehr schöne Bergfahrt. Unsere Route führt weiter durch den Naturpark Cilento: über Laurito, Rofrano und Sanza, alles Ortschaften, von denen aus Wanderungen auf den Monte Gelbison oder den Monte Cervati starten, ins Vallo di Diano.

Vom Abstecher in den Thermalkurort **Montesano sulla Marcellana** führt ein Sträßchen direkt nach **Padula** zur großen Barockanlage der **Certosa di San Lorenzo** *(S. 94)*. Deren Mönche sollen im 15. Jh. die Trockenlegung der Sumpfebene Vallo di Diano vorangetrieben haben, eine fruchtbare Agrarlandschaft, auf die man einen phantastischen Blick von der reizvollen Kleinstadt **Teggiano** aus hat – mit Kastell, zahllosen Kirchen (sehenswert die Fresken in San Pietro) und stattlichen Gebäuden aus dem Mittelalter.

EIN TAG IN UND UM NEAPEL

Action pur und einmalige Erlebnisse.
Gehen Sie auf Tour mit unserem Szene-Scout

STARTER

7:00

Bitte für den Tag rüsten: Die Powerbombe heißt *Sfogliatelle* und ist eine Sünde aus kunstvoll geschichteten Blätterteiglagen. Gefüllt ist sie zum Beispiel mit Ricotta oder kandierten Früchten. Wer sie einmal probiert hat, wird sie lieben. Tipp: Am besten in die Schlange vor der *Pasticceria Fratelli Attanasio* einreihen, denn dort gibt es die besten. **WO?** *Vico Ferrovia 1/2/3/4*

9:00

DER BERG RUFT

140 Meter wollen bestiegen werden, die Mühe lohnt sich, denn der Blick vom Monte Nuovo ist der Hit. Wer oben steht, lässt seine Augen über die Kraterseen Lago d'Averno und Lago Lucrino, den dampfenden Bodenkrater Solfatara, den Golf mit den Inseln und die Stadt schweifen, um schließlich am Vesuv hängen zu bleiben. Mit der Ferrovia Cumana ist das Naturschutzgebiet in 55 Min. zu erreichen. **WO?** *Haltestelle Lucrino in Arco Felice | Mo-Sa 9 bis 1 Stunde vor Sonnenuntergang, So 9-13 Uhr | www.oasimontenuovo.it*

GLAMOUR PUR AUF DER INSEL CAPRI

10:30

Lust auf eine Portion Capri-Glamour? Dann ab ins Taxiboot und nach Punta Carena bringen lassen. Am dortigen Lido del Faro in einen Liegestuhl versinken und zur Erfrischung das türkisblaue Meer der Bucht genießen. Apropos Genuss: Gegrillter Fisch und Semifreddo sind die Renner auf der Karte. **WO?** *www.lidofaro.com*

15:00

OLÉ, OLÉ!

Wer dachte, er sei ein wahrer Fußballfan, der wird gleich eines Besseren belehrt. Spiele im Stadion des Kultclubs *SSC Napoli* sind Emotion pur, Fußball wird zur Nebensache, die Fans sind die Schau! Sie schreien, fluchen und feuern ihre Helden an. **WO?** *Stadion San Paolo, Via Jacopo De Gennaro | Eintritt: ab 14 Euro | Aktuelle Termine unter www.sscnapoli.it*

24 h

CHILLOUT

18:00

Puhhh ... anfeuern ist anstrengend. Deshalb steht nun Relaxing auf dem Programm. Absoluter Kontrast zum Fußballstadion ist der stylishe Spa-Club *Mirage* im feinen Villenviertel Posillipo. Bei einer Massage mit heißen Vulkansteinen werden die Energietanks wieder aufgefüllt. Der frische Fruchtdrink, den man am Pool auf den Lederliegen genießt, tut sein Übriges. Hmmmm – mehr! **WO?** *Via Porta Posillipo 135d | Mo-Sa 8.30-23 Uhr | Reservierung unter Tel. 081 769 14 36 | Massage 75 Euro | www.miragespa.eu*

21:00

SCHMECKT NACH MEER!

Der Abend kann kommen, am besten läutet man ihn mit einem Aperitif und ein paar Sushi-Röllchen ein. In der *Pescheria Mattiucci* heißt es: Ran die Stäbchen und superfrische Stückchen von Zahnbrasse, Seebarsch und Thunfisch schlemmen! **WO?** *Vico Belledonne in Chiaia 27*

PARTY ON

23:00

Let's rock! Im Beachclub *Zona 69* kann man einfach nicht stillhalten und soll man auch nicht. Bis zum Morgengrauen heißt es Party on unter freiem Himmel, alten Bäumen und am vorgelagerten Strand! **WO?** *Strand von Fusaro in Bacoli | www.myspace.com/zona69beachclub*

3:00

HIMMLISCHE NACHT

So viel erlebt an einem Tag. Und es ist noch nicht zu Ende, denn übernachtet wird in einer der angesagtesten B&B-Oasen Neapels. Der *Palazzo Carafa di Maddaloni* mit seinen Antiquitäten scheint nicht nur einem König gerecht zu werden, man fühlt sich auch wie einer, wenn man sich ins Himmelbett fallen lässt. **WO?** *Via Maddaloni 6 | Tel. 081 551 36 91 | Preis: ab 40 Euro | www.bb-carafa.com*

> PARADIES (NICHT NUR) FÜR TAUCHER

Und auf dem Pferd oder dem Mountainbike, im Kanu oder zu Fuß geht es durch die wildromantische Berglandschaft des Cilento

> Bewegungshungrige können schon beim Bummel durch Positano ganz schön ins Schwitzen geraten: Steile Treppen führen auf und ab durch den Ort.
Doch im Ernst: Auch wenn es hier unten im knallheißen, eher gemächlichen Süden nicht ganz so sportfanatisch zugeht wie im Norden, etwa an der oberen Adria um Rimini: Auch am Golf von Neapel und im Cilento gibt es eine ganze Menge Angebote für Sportler und Tatendurstige.

Typische Strandsportarten wie Beachvolleyball sind an den breiten Sandstränden von Paestum, Marina di Ascea, Marina di Camerota und Palinuro im Cilento möglich. Sie gehören auch zum Angebot vieler Campingplätze und Bungalowanlagen, die direkt am Strand liegen.

Die klassischen Wassersportarten wie Segeln und Surfen werden überall längs der Küste praktiziert. Gute Surfspots sind Marina di Casal Ve-

Bild: Blick auf Positano

SPORT & AKTIVITÄTEN

lino, Palinuro, Paestum. Und für Taucher gibt es absolute Highlights mit reicher Flora und Fauna vor allem an Felsgrotten unterhalb der Meeresoberfläche. In jüngster Zeit erfreut sich auch das Hochseefischen wachsender Beliebtheit, die Italiener nennen das *pescaturismo*.

Für Ausflüge in die Natur, zu Fuß, mit dem Rad, auf dem Pferderücken, erweist sich besonders der Cilento als ideal, Naturreisenanbieter haben ihn längst in ihrem Programm (z. B. *www.cilento-ferien.de, www.italimar.com*). In den Fremdenverkehrsämtern hilft man gerne mit Kontaktadressen von Fahrradvermietern, Reitställen und Wanderführern weiter. Für den sportlichen Cilentourlaub ist das vom Nationalpark Cilento empfohlene Buch „Cilento Aktiv" des MARCO POLO Autors Peter Amann eine unerschöpfliche Fundgrube an Wanderungen, MTB-Routen, an

Adressen von Reitställen, Bootsverleihern, Bergführern, Tauchschulen, Paragliding und vielem mehr.

HOCHSEEFISCHEN

Das ist wirklich etwas Besonderes: Auf der Sorrentinischen Halbinsel und im Cilento bieten Fischer Urlaubern die Möglichkeit, bei ihren Fangausfahrten mitzufahren Insider Tipp *pescaturismo* nennt sich das: z. B. von *Vico Equense* mit der *Cooperativa Pescatori San Francesco di Paola* oder von *Marina della Lobra* bei Sorrent mit der *Cooperativa Ulixes*. In *Marina di Pisciotta* im Cilento fährt man mit beim Fang der *alici di menaica*, z. B. mit der Agentur *Rosa dei Venti (www.rosadeiventivacanze.it)*.

KAJAK

Wem nach allzu viel Meer der Sinn nach frischem, kühlem Süßwasser in wildromantischer Berglandschaft steht, der kann im Cilento an Kajakfahrten durch die Schluchten des Calore teilnehmen, am besten bei Felitto. Das Flusstal ist eine Naturoase und Habitat des italienischen Fischotters.

REITEN

Im Cilento lassen sich herrliche Ausflüge auf dem Pferderücken unternehmen, längs der Strände, in die mediterrane Macchia, vor allem aber im Naturschutzpark in den lauschigen Laubwäldern, auf den Hochebenen des Vallo di Diano oder durch Flusstäler, etwa des Mingardo und des Calore. Manche Bauernhöfe im Landesinnern, die Ferienunterkünfte anbieten, halten auch Pferde für ihre Gäste bereit. Adressen mit Reitställen bekommen Sie in den Fremdenverkehrsämtern und *Pro-Loco*-Büros.

TAUCHEN

Die Küste Kampaniens einschließlich der Inseln ist ein Traumgebiet für Taucher, entsprechend viele Tauchschulen in den Ferienorten verleihen Ausrüstung und bieten Touren an. Unter Tauchern besonders geschätzt sind die Ausläufer der Sorrentinischen Halbinsel: der Parco Marino der Punta Campanella und die Klippenspitze Punta del Capo. Neben vielerlei Meeresgetier und einer reichen Unterwasserflora finden sich in den Tauchgründen auch eine den Seefahrern gewidmete Madonnenfigur (beim Hafen von Massa Lubrense) und ein Passionsweg des Christus auf 15 Keramiktafeln (von Sorrent Richtung Punta del Capo). Besonders eindrucksvoll sind unter- Insider Tipp

Paddler und Kanuten schätzen den Blick auf die bewegte Meeresküste

irdische Grotten wie die Tropfsteinhöhle Grotta dello Zaffiro bei der Punta Campanella an der Spitze der Halbinsel von Sorrent. Eine Adresse in Sorrent: *Sorrento Diving Center | Via Marina Piccola 63 | Tel./Fax 08 18 77 48 12 | www.sorrentodivingcenter.it*. Auch längs der Amalfiküste kann man überall abtauchen, ein Tauchcenter folgt aufs nächste.

sider ipp

Die von Grotten durchlöcherte Küste des Cilento ist für Taucher ideal, vor allem die Felsküsten bei Marina di Camerota, bei Palinuro und der Halbinsel Capo Palinuro mit den roten Korallenbänken am Riff Capo Spartivento, die Klippen bei Acciaroli und die Landzunge Punta Licosa bei Castellabate. In Palinuro eine Adresse von vielen: *Palinuro Sub Diving Center | Via Porto und Hotel Tre Caravelle | Tel./Fax 09 74 93 85 09 | www.palinurosub.it*

Ein ganz besonderes Unterwassererlebnis bietet das Tauchen in Baia bei Neapel: Da steigt man hinab und taucht zwischen den Resten der einst prachtvollen Sommervillen der alten Römer, z.B. mit *Centro Sub Campi Flegrei (Via Napoli 1 | Pozzuoli | Tel. 08 18 53 15 63 | www.napolidivingcenter.it)*.

Kaum eine Region Italiens ist für Taucher so attraktiv wie Kampanien

WANDERN

In Kampanien gibt es eine ganze Reihe schöner Wandergebiete. Eines davon ist die Insel Ischia mit dem Monte Epomeo, ein weiteres sind die Monti Lattari mit dem Monte Faito, die sich von der Sorrentinischen Halbinsel ins Landesinnere ziehen. Im Rücken der Amalfiküste laden eine ganze Reihe von Wegen, oft ehemalige Maultierpfade, zum Wandern ein. Häufig sind sie steil und steinig, aber dafür belohnen sie mit herrlichen Weitblicken. Schließlich der Cilento, dessen größtes Kapital seine unberührte, vom Tourismus noch wenig entdeckte Berglandschaft ist. Hier lohnen Kammwanderungen über das Karstgebirge der Monti Alburni oder hinauf auf den Monte Cervati, oder Sie wandern auf den Monte Sacro bzw. Gelbison mit seinem bedeutenden Madonnenheiligtum. Die Fremdenverkehrsämter helfen mit Routenbeschreibungen und Adressen von Wanderorganisationen. Gute Wanderbeschreibungen zu Capri, zur Amalfiküste und zur Sorrentinischen Halbinsel: *www.italienwandern.de*

> DIE NATUR SORGT FÜRS KINDERPROGRAMM

Schlammfelder blubbern, es stinkt nach Schwefel, Rauchfahnen am Kraterrand: Das ist besser als jeder Vergnügungspark

> Auf einer Ferienreise, die an so faszinierende Plätze führt wie in die quirlige Hafenstadt Neapel, an die halsbrecherische und zugleich malerische Felsküste von Amalfi, auf den mächtigen Vulkan Vesuv und in den südlichen Cilento mit seiner abgeschiedenen Berglandschaft mit Wäldern, Grotten und traumhaften Sandstränden, gibt es eine Menge, was Kinder (und nicht nur die) spannend finden.

Wie wäre es etwa mit einem Bummel über die „brennenden Felder", die *Campi Flegrei* im Westen Neapels, wo in der Solfatara bei Pozzuoli Schlammfelder dampfend kochen und es aus Erdlöchern schwefelstinkend zischt und blubbert? Ganz schön aufregend ist auch der Blick in den Vulkanschlund des Vesuvs, nach einem Spaziergang *(tgl. 9 Uhr–2 Std. vor Sonnenuntergang | 6,50 Euro | www.guidevesuvio.it)* an den Kraterrand, wo aus dem Lavaschotter bisweilen Rauchfahnen aufsteigen.

Bild: Aquarium in Neapel

MIT KINDERN REISEN

Nach Neapel fährt man mit Kindern am besten sonntags: Da ist die Uferpromenade *Lungomare Caracciolo* von frühmorgens bis zum Nachmittag für den Autoverkehr gesperrt, es herrscht neapolitanischer Familienrummel, und Jugendliche ziehen auf Inlineskatern ungestört über den Asphalt. Wochentags herrscht chaotischer Verkehr, die Bürgersteige – wenn vorhanden – sind zugeparkt, und durch die immerhin verkehrsberuhigte Altstadt flitzen die Vespas. Für Familien mit Kleinkindern, womöglich im Kinderwagen, ist das nichts.

Wenn Ihre Kinder schon in einem Alter sind, in dem sie sich für (altes) Handwerk interessieren, sollten Sie auf jeden Fall das Museum über Papierherstellung in Amalfi besuchen. Auch der alten Bauern- und Handwerkswelt des Cilento – wie man Olivenöl, Wolle, Schuhe, Hanf herstellt – kann man nachspüren: in kleinen, liebevoll zusammengetragenen Dorfmuseen, z. B. in *Moio della Civitella,* in *Montecorice,* in *Roscigno,* in *Teggiano.*

Beeindruckend ist auch ein Ausflug in die Unterwelt Neapels *(Napoli Sotteranea),* in die Höhlen, Keller, Zisternen, Tunnel unterhalb der Stadt. Und wer sich gern gruselt, sollte die Katakombenfriedhöfe mit echten Skeletten besuchen.

Ideal für Reisen mit Kindern ist die Cilentoküste mit ihren weiten, sauberen Sandstränden; auf den Bauernhöfen *(agriturismo)* im Hinterland gibt es Tiere und Familienanschluss, die Hotels und Ferienanlagen an der Küste bieten Sportangebote und im Juli, August, wenn die Italiener kommen, jede Menge Kinderanimation.

Kalorien: null, Zucker: zero – der kühle Energydrink Brunnenwasser verleiht Flügel

NEAPEL

ACQUARIO E STAZIONE ZOOLOGICA ANTON DOHRN [U B5]

In rund 30 Becken schwimmen und schlängeln sich viele Arten Meeresgetier, Algen und sonstige Meeresflora. Das Aquarium liegt zudem sehr schön in Meernähe im beschaulichen, gepflegten Stadtpark Villa Comunale zwischen den Uferpromenaden Via Caracciolo und Riviera di Chiaia. *Nov.–Feb. Di–Sa 9–17, So 9 bis 14, März–Okt. bis 18, So bis 19.30 Uhr | Eintritt 1,50 Euro, Kinder bis 12 Jahre 1 Euro*

CRATERE DEGLI ASTRONI [122 C4]

Auf der Fahrt nach Pozzuoli durch die vielerorts ziemlich zersiedelte Landschaft würde man hier, nördlich der Stadtautobahn und der rauchenden Felder der Solfatara, nie dieses Naturparadies vermuten: Auf 2,5 km^2 hat sich innerhalb der Mulde eines erloschenen Vulkans diese Wildlandschaft aus Macchia, Kastanien, Steineichen und einem Kratersee voller Wasservögel erhalten. Zum Herumstreunen und Lauschen. *Tgl. 10 Uhr bis 2 Std. vor Sonnenuntergang | Stadtautobahn Tangenziale, Ausfahrt Agnano*

MAGIC WORLD [123 D3] Insider Tipp

Ein großer, moderner Vergnügungspark in Giugliano 15 km nordwestlich von Neapel, der mit vielfältigen Spielattraktionen aufwartet und im Sommer mit einem Wasserspaßareal mit Wellenbad, Schwimmbädern, Wasserrutschen und Flüssen – die aufwendigste Erlebnisanlage Süditaliens. *Juni–Aug. tgl. 10–22, April, Mai, Sept., Okt. Sa 16–22, So 10–22*

Uhr | Eintritt 10 Euro, mit Wasserspaßareal 12, So 16 Euro, Kinder bis 1 m frei | Giugliano, Ortsteil Masseria Vecchia, Via San Nullo | www.magicworld.it

sider Tipp

MUSEO VIVO DI CITTÀ DELLA SCIENZA [122 C5]

Am westlichen Stadtrand auf dem Weg nach Pozzuoli kommen Sie vorbei an der Bucht von Bagnoli, der Schwerindustriezone Neapels, heute stillgelegt und auf dem Weg, in ein Freizeit- und Kulturzentrum verwandelt zu werden. Hier ist ein interessantes, hypermodernes Wissenschaftsmuseum in den riesigen Werkshallen eröffnet worden, in dem sich interaktiv vieles über das Funktionieren unserer Welt erfahren lässt: Wie der Kosmos arbeitet, wie Blitze entstehen, wie es in unserem Körper aussieht. Auch eine Sektion für kleine Kinder. *Di–Sa 9–17, So 10–19 Uhr | Eintritt 7 Euro, 3–18 Jahre 5 Euro | Via Coroglio 104 | www.cittadellascienza.it*

PAESTUM UND NATIONALPARK CILENTO

BOOTSAUSFLÜGE MIT PICKNICK [128–129 C–D6]

Von den Badeortschaften an der Cilentoküste, allen voran von Marina di Camerota und Palinuro aus, starten in den Sommermonaten die Fischer mit ihren Booten und schippern die Urlauber die Küste entlang zu den Badebuchten mit ihren bizarren Felsformationen, vor allem aber zu den wunderbaren Meeresgrotten. Zu den Ausflügen gehören oft auch Picknicks an den Stränden, zu denen die Fischer frischen Fisch grillen. Ein ganz besonderes Erlebnis für Jung und Alt sind Touren des Nachts unterm Sternenhimmel. *Auskunft und Buchung in den Häfen*

MUSEO VIVO DEL MARE [128 A4]

In dem kleinen Küstendorf Pioppi zeigen in einem alten Palazzo zahlreiche Aquarien die faszinierende Pflanzen- und Korallenwelt, die Fische und Meerestiere, die die Tiefen

Das zieht bei Drei- wie bei 13-Jährigen: Ein Stück Pizza geht eigentlich immer

und Grotten vor der naturgeschützten Küste des Cilento bewohnen. Auch werden hier verletzte Wasserschildkröten gesund gepflegt. *Mo und Mi bis Sa Mitte Juni–Mitte Sept. 9.30 bis 12.30 und 18–22, Mitte Sept.–Mitte Juni 9.30–12.30 und 15–19 Uhr | Eintritt 2 Euro, Kinder 1,50 Euro | Via Caracciolo 146 | www.museodelmare.it*

> VON ANREISE BIS ZOLL

Urlaub von Anfang bis Ende: die wichtigsten Adressen und Informationen für Ihre Reise an den Golf von Neapel

ANREISE

AUTO

Nach Neapel und auf die Inseln fahren Sie besser ohne Auto (in Neapel, Sorrent, Salerno gibt es Autovermietungen), für Paestum und den Cilento ist ein Auto hingegen ratsam. Autobahn vom Brenner bzw. Gotthard über Bologna, Rom, Caserta, Salerno. Vom Brenner bis Palinuro sind es rund 1350 km. Im Sommer fahren verschiedene Autozüge nach Italien *(www.dbautozug.de)*.

BAHN

Direkte Verbindungen gibt es von München, sonst umsteigen in Mailand. Neapel hat drei Bahnhöfe, Centrale, Mergellina und Campi Flegrei (Fuorigrotta). Stündliche Verbindungen nach Rom und Salerno. Von Neapel und Salerno gehen Züge an die Küste des Cilento. Mit der Bahn Circumvesuviana vom Hauptbahnhof alle halbe Stunde nach Sorrent. Vom Bahnhofsvorplatz Piazza Garibaldi Überlandbusse nach Benevent, Caserta, Amalfi, Salerno. Für 9,50 Euro bringen die Taxis zu den Hotels der Innenstadt.

FLUGZEUG

Tägliche bzw. wöchentliche Flugverbindungen bestehen zwischen Neapels Flughafen Capodichino und deutschen Flughäfen sowie Zürich

PRAKTISCHE HINWEISE

und Wien. Günstige Direktflüge von vielen deutschen Flughäfen nach Neapel z. B. mit Tuifly *(www.tuifly.com)*, Easyjet *(www.easyjet.com)*, Intersky *(www.intersky.biz)*, Condor *(www.condor.com)*, Air Berlin *(www.airberlin.com)*, von Wien und Zürich mit Airone *(www.flyairone.com)*. Vom Flughafen gelangen Sie in die Innenstadt mit dem Bus 3S (alle 20 Min.), an den Fährhafen Molo Beverello mit dem blauen Alibus. Busverbindungen gibt es auch nach Sorrent.

AUSKUNFT

ITALIENISCHE ZENTRALE FÜR TOURISMUS ENIT

– *Kaiserstr. 65 | 60329 Frankfurt | Tel. 069/23 74 34 | Fax 23 28 94 | www.enit.de*
– *Kärntnerring 4 | 1010 Wien | Tel. 01/505 16 39 | Fax 505 02 48 | www.enit.at*
– *Uraniastr. 32 | 8001 Zürich | Tel. 043/466 40 40 | Fax 466 40 41 | www.enit.ch*

AUTO

Höchstgeschwindigkeit innerorts 50, auf Landstraßen 90, auf Autobahnen 130, bei Regen 110 km/h. Auch tagsüber muss außerorts mit Licht gefahren werden. Die Promillegrenze liegt bei 0,5. Pflicht ist das Mitführen einer Warnweste. Die meisten Autobahnen sind gebührenpflichtig. Tankstellen sind Mo–Sa meist 7.30 bis 12.30 und 15–19 Uhr geöffnet, So nur vereinzelt an Ausfallstraßen, auf der Autobahn immer. Ansonsten helfen Tankautomaten. Pannenhilfe: *Tel. 80 31 16*

DIPLOMATISCHE VERTRETUNGEN

DEUTSCHES KONSULAT

Via Crispi 69 | Neapel | Tel. 08 12 48 85 11

ÖSTERREICHISCHES KONSULAT

Corso Umberto I 275 | Neapel | Tel. 081 28 77 24

SCHWEIZER KONSULAT

Via dei Mille 16 (4. Etage) | Neapel | Tel. 08 14 10 70 46

EINTRITTSPREISE

Der Eintritt in größere Museen und Sehenswürdigkeiten bewegt sich meist um 5 Euro, Pompeji und Ercolano kosten 11 Euro. Viele Vergünstigungen erhält man mit der Campania Card *(S. 36)*. Für alle EU-Bürger unter 18 und über 65 Jahre ist der Eintritt in staatliche Museen und Ausgrabungsstätten frei.

GELD & KREDITKARTEN

Am praktischsten sind die flächendeckend vorhandenen Geldautomaten *(bancomat)*. In besseren Restaurants, Hotels und Geschäften, an vielen Tankstellen und bei Autovermietungen können Sie mit den gängigen Kreditkarten zahlen.

INTERNET & WLAN

Informative Internetauftritte zu Neapel und Kampanien: *www.primitaly.it/campania* (auch auf Englisch) und *www.turismoregionecampania.it* (Region Kampanien, auch auf Deutsch) bzw. *www.inaples.it* und *www.portanapoli.com* (Neapel, auch auf Deutsch). Infos zu Pompeji: *www.pompeiisites.org;* zur Amalfiküste: *amalficoast-traveller.com* (Italienisch/Englisch); zu Natur und Kultur im Cilento: *www.cilento-nationalpark.de.* Naturreisen, Unterkünfte, Sehenswürdigkeiten im Cilento: *www.italimar.com, www.nonsolocasa.de, www.cilento-ferien.de, www.agriturismo.provincia.salerno.it, www.hotelcilento.it.* Zugverbindungen in Italien: *www.ferroviedellostato.com;* zu Jugendherbergen in Kampanien: *www.ostellionline.org*

WAS KOSTET WIE VIEL?

> CAPPUCCINO	1,20–1,50 EURO	für eine Tasse am Tresen
> EIS	1,50 EURO	für eine Kugel Eis
> WEIN	AB 2,50 EURO	für ein Glas Wein
> IMBISS	AB 2,50 EURO	für ein belegtes *panino*
> BENZIN	1,38 EURO	für 1 l Super bleifrei
> BUSFAHRT	1 EURO	für eine Busfahrt in Neapel

Viele gehobene Hotels bieten ihren Gästen Wi-Fi-Zonen (WLAN), wenn nicht auf dem Zimmer, dann im Lobby- und Barbereich. Auch zahlreiche Cafébars in Neapel sind mit Wi-Fi-Anschluss ausgestattet. Besonders gut versorgt mit Hotspots in Hotels, Bars, Cafés, Läden, Clubs und Badeanstalten ist Sorrent. Wi-Fi-Zonen finden sich außerdem auf dem Flughafen Capodichino sowie in den Eurostarlounges am Bahnhof und in manchen größeren Einkaufszentren.

MIETWAGEN

Onlineangebote gibt es schon ab 30 Euro pro Tag. Ein Mittelklassewagen kostet übers Wochenende 130 bis 160 Euro, für eine Woche 300–500 Euro. Buchungen vor Reiseantritt sind häufig preiswerter. Mietautos im Cilento: *www.antares91.com*

NOTRUF

Notruf *(Pronto Soccorso)* gratis von jedem öffentlichen Telefon: Feuerwehr *(Vigili del Fuoco) 115;* Polizei *113;* Notarzt, Rettungswagen *118;* ACI-Pannenhilfe *80 31 16*

ÖFFENTLICHE VERKEHRSMITTEL

In Neapel gutes Busnetz, U-Bahn, vier Standseilbahnen. Fahrkarten für Stadtbusse in Tabakgeschäften und an Zeitungskiosken. Überlandbusse und/oder häufige Zugverbindungen in alle wichtigen Orte Kampaniens. Gute Verbindungen mit Lokalbahnen nach Pozzuoli, Baia, Cuma, Ercolano, Pompeji, Sorrent. Öffentliche Verkehrsmittel sind relativ preiswert. Mehrmals täglich Tragflügelboote *(aliscafo)* und Fähren *(traghetto)* nach Capri, Ischia, Procida, Sorrent und Pozzuoli, im Sommer Schnellboote *(metro del mare)* an die Cilentoküste. Fahrpläne in der Zeitung „Il Mattino" und im Heft „Qui Napoli".

ÖFFNUNGSZEITEN

Lebensmittelgeschäfte sind Mo–Sa meist 8.30–13 und 17.30–20 Uhr geöffnet, Boutiquen und Supermärkte 8.30 bzw. 9–12.30 und 16–19.30 Uhr. In Küstenorten bleiben die Geschäfte oft bis spät in den Abend offen. Kirchen schließen meist über Mittag von 12.30 bis 17 Uhr.

REISEZEIT

Hochsaison von Mitte Juli bis Ende August (Spitze in der Zeit um den 15. August): Die Preise für Unterkünfte verdoppeln und verdreifachen sich, ein Fortkommen oder das Ergattern eines Parkplatzes an der Amalfiküste werden schier unmöglich. Mai, Juni, September sind für die Küste die schönste Reisezeit, danach kann es bis Ostern schwer werden, ein offenes Hotel zu finden. An der Amalfiküste belebt es sich noch mal zu Weihnachten und Silvester.

TELEFON & HANDY

Telefonieren via Festnetz in Zellen und Bars. Telefonkarten sind in Tabakgeschäften erhältlich. Vorwahlen: Deutschland *0049,* Österreich *0043,* Schweiz *0041,* Italien *0039.*

Telefonieren mit Handy ist teuer, Sie zahlen auch bei Anrufen aus Deutschland. Mit einer italienischen Prepaidkarte entfallen die Gebühren für eingehende Anrufe.

ZOLL

Innerhalb der EU freie Ein- und Ausfuhr von Waren zum persönlichen Bedarf, z. B. 800 Zigaretten, 90 l Wein; 10 l Spirituosen.

WETTER IN NEAPEL

	Jan.	Feb.	März	April	Mai	Juni	Juli	Aug.	Sept.	Okt.	Nov.	Dez.
Tagestemperaturen in °C	11	12	15	18	22	27	29	29	26	21	17	13
Nachttemperaturen in °C	6	6	8	11	14	18	20	20	18	14	11	7
Sonnenschein Std./Tag	4	4	5	7	8	10	11	10	7	6	5	5
Niederschlag Tage/Monat	10	9	8	7	6	4	2	3	6	9	11	12
Wassertemperaturen in °C	14	13	14	15	18	21	24	25	23	21	18	16

> PARLI ITALIANO?

„Sprichst du Italienisch?" Dieser Sprachführer hilft Ihnen, die wichtigsten Wörter und Sätze auf Italienisch zu sagen

Aussprache

c, cc	vor „e, i" wie deutsches „tsch" in deutsch, Bsp.: die**c**i, sonst wie „k"
ch, cch	wie deutsches „k", Bsp.: pa**cch**i, **ch**e
ci, ce	wie deutsches „tsch", Bsp.: **ci**ao, **ci**occolata
g, gg	vor „e, i" wie deutsches „dsch" in Dschungel, Bsp.: **g**ente
gl	ungefähr wie in „Familie", Bsp.: fi**gl**io
gn	wie in „Kognak", Bsp.: ba**gn**o
sc	vor „e, i" wie deutsches „sch", Bsp.: u**sc**ita
sch	wie in „Skala", Bsp.: I**sch**ia
sci	vor „a, o, u" wie deutsches „sch", Bsp.: la**sci**are
z	immer stimmhaft wie „ds"

Ein Akzent steht im Italienischen nur, wenn die letzte Silbe betont wird. In den übrigen Fällen haben wir die Betonung durch einen Punkt unter dem betonten Vokal angegeben.

AUF EINEN BLICK

Ja./Nein./Vielleicht.	Sì./No./Fọrse.
Bitte./Danke./Vielen Dank!	Per favọre./Grạzie./Tạnte grạzie.
Gern geschehen.	Non c'è di che!
Entschuldigen Sie!	Scụsi!
Wie bitte?	Prẹgo?/Cọme, scụsi?/Cọme dịce?
Ich verstehe Sie/dich nicht.	Non La/ti capịsco.
Ich spreche nur wenig …	Pạrlo sọlo un po´ di …
Können Sie mir bitte helfen?	Mi può aiutạre, per favọre?
Ich möchte …	Vorrẹi …
Das gefällt mir (nicht).	(Non) mi piạce.
Haben Sie …?	Ha …?
Wie viel kostet es?	Quạnto cọsta?
Wie viel Uhr ist es?	Che ọre sọno?/Che ọra è?
Guten Morgen!/Tag!	Buon giọrno!
Guten Abend!	Buọna sẹra!
Gute Nacht!	Buọna nọtte!
Hallo!/Grüß dich!	Ciạo!
Wie geht es Ihnen/dir?	Cọme sta?/Cọme stai?
Danke. Und Ihnen/dir?	Bẹne, grạzie. E Lei/tu?
Auf Wiedersehen!	Arrivedẹrci!
Tschüss!	Ciạo!
Bis bald!/Bis morgen!	A prẹsto!/A domạni!

> *www.marcopolo.de/golfvonneapel*

SPRACHFÜHRER ITALIENISCH

UNTERWEGS

AUSKUNFT

offen/geschlossen	apẹrto/chiụso
links/rechts	a sinịstra/a dẹstra
geradeaus	dirịtto
nah/weit	vicịno/lontạno
Wie weit ist das?	Quạnti chilọmetri sọno?
Ich möchte … mieten.	Vorrẹi noleggiạre …
… ein Auto …	… ụna mạcchina.
… ein Fahrrad …	… ụna biciclẹtta.
… ein Boot …	… ụna bạrca.
Bitte, wo ist …	Scụsi, dov'è …
… der (Haupt-)Bahnhof?	… la staziọne (centrạle)?
… der Hafen?	… il pọrto?
… die Haltestelle?	… la fermạta?
… der Anleger?	… l'imbarcadẹro?

PANNE

Ich habe eine Panne.	Ho un guạsto.
Würden Sie mir einen Abschleppwagen schicken?	Mi potrẹbbe mandạre un cạrro-attrẹzzi?
Gibt es hier in der Nähe eine Werkstatt?	Scụsi, c'è un'officịna qui vicịno?

TANKSTELLE

Wo ist bitte die nächste Tankstelle?	Dov'è la prọssima staziọne di servịzio, per favọre?
Ich möchte … Liter …	Vorrẹi … lịtri di …
… Super./ … Diesel.	… sụper./ … gasọlio.
… Bleifrei/ … Verbleit.	… sẹnza piọmbo (vẹrde)/ … con piọmbo.
Voll tanken, bitte.	Il piẹno, per favọre.

UNFALL

Hilfe!	Aiụto!
Achtung!/Vorsicht!	Attenziọne!
Rufen Sie bitte schnell …	Chiạmi sụbito …
… einen Krankenwagen.	… un'autoambulạnza.
… die Polizei.	… la polizịa.
… die Feuerwehr.	… i vịgilli del fuọco.

Haben Sie Verbandszeug?	Ha materiạle di prọnto soccọrso?
Es war meine Schuld.	È stạta cọlpa mịa.
Es war Ihre Schuld.	È stạta cọlpa Sụa.
Geben Sie mir bitte Ihren Namen und Ihre Anschrift!	Mi dịa il Sụo nọme e indirịzzo, per favọre!

ESSEN/UNTERHALTUNG

Wo gibt es hier …	Scụsi, mi potrẹbbe indicạre …
… ein gutes Restaurant?	… un buọn ristorạnte?
… ein typisches Restaurant?	… un locạle tịpico?
Gibt es in der Nähe eine Eisdiele?	C'è ụna gelaterịa qui vicịno?
Reservieren Sie uns bitte für heute Abend einen Tisch für vier Personen.	Può riservạrci per stasẹra un tạvolo per quạttro persọne?
Auf Ihr Wohl!	(Ạlla Sụa) salụte!
Bezahlen, bitte.	Il cọnto, per favọre.
Hat es geschmeckt?	Andạva bẹne?
Haben Sie einen Veranstaltungskalender?	Ha un progrạmma dẹlle manifestaziọni?

EINKAUFEN

Wo finde ich …	Dọve pọsso trovạre …
… eine Apotheke?	… ụna farmacịa?
… eine Bäckerei?	… un panifịcio?
… ein Fotogeschäft?	… un negọzio di artịcoli fotogrạfici?
… ein Kaufhaus?	… un grạnde magazzịno?
… ein Lebensmittelgeschäft?	… un negọzio di gẹneri alimentạri?
… den Markt?	… il mercạto?
… einen Supermarkt?	… un supermercạto?
… einen Tabakladen?	… un tabaccạio?
… einen Zeitungshändler?	… un giornalạio?

ÜBERNACHTEN

Können Sie mir bitte … empfehlen?	Scụsi, potrẹbbe consigliạrmi …
… ein Hotel …	… un albẹrgo?
… eine Pension …	… ụna pensiọne?
Ich habe bei Ihnen ein Zimmer reserviert.	Ho prenotạto ụna cạmera.
Haben Sie noch …	È lịbera …
… ein Einzelzimmer?	… ụna sịngola?
… ein Zweibettzimmer?	… ụna dọppia?

… mit Dusche/Bad?	… con dọccia/bạgno?
… für eine Nacht?	… per ụna nọtte?
… für eine Woche?	… per ụna settimạna?
Was kostet das Zimmer …	Quạnto cọsta la cạmera …
… mit Frühstück?	… con la prịma colaziọne?
… mit Halbpension?	… a mẹzza pensiọne?

PRAKTISCHE INFORMATIONEN

ARZT

Können Sie mir einen guten Arzt empfehlen?	Mi può consigliạre un buọn mẹdico?
Ich habe Durchfall.	Ho la diarrẹa.
Ich habe …	Ho …
… Fieber.	… la fẹbbre.
… Kopfschmerzen.	… mal di tẹsta.
… Zahnschmerzen.	… mal di dẹnti.

POST

Briefmarke	francobọllo
Was kostet …	Quạnto cọsta …
… ein Brief …	… ụna lẹttera …
… eine Postkarte …	… ụna cartolịna …
… nach Deutschland?	… per la Germạnia?

ZAHLEN

0	zẹro	19	diciannọve
1	ụno	20	vẹnti
2	dụe	21	ventụno
3	tre	30	trẹnta
4	quạttro	40	quarạnta
5	cịnque	50	cinquạnta
6	sei	60	sessạnta
7	sẹtte	70	settạnta
8	ọtto	80	ottạnta
9	nọve	90	novạnta
10	diẹci	100	cẹnto
11	ụndici	101	centoụno
12	dọdici	200	ducẹnto
13	trẹdici	1000	mịlle
14	quattọrdici	2000	duemịla
15	quịndici	10000	diecimịla
16	sẹdici		
17	diciassẹtte	1/2	un mẹzzo
18	diciọtto	1/4	un quạrto

> Die Seiteneinteilung für den Reiseatlas finden Sie auf dem hinteren Umschlag dieses Reiseführers.

Mit freundlicher Unterstützung von

REISEATLAS GOLF VON NEAPEL

A
B
C
1
2
3
4
5
6
Staz.di Sessa-Roccamonfina
Piedimonte Massicano
CARÍNOLA
S.Croce
Nocelleto
Francolise
Taverna
Monte Mássico
813
Falciano del Massico
Lago di Carinola
Ciamprisco
Aiaspaccata
Caserio Reale
Torre Lupara
Monte Cícoli
273
Monte Crestegallo
437
il Castello
Masseria Aciti
Limata
Pizzone
Sant' Andrea
Masseria Areanova
Taverna Agnena
le Vagnole
Via Appia Antica
Cappellone
Staz.di Falciano-Mondragone
Agnena
Borgo Áppio
Torre di Schiavi
Brezza
Canale
MONDRAGONE
Bonifica del Volturno
Grazzanise
Santa Maria la Fossa
264
Volturno
Cancello
Arnone
Masseria Possatella
Masseria Cammino
Cavallerizze nuove
Torre di Pescopagano
Riccia nuova
Letízia
Ponte Annecchino
Madonna di Briano
Castèl Volturno (rom. Volturnum)
la Piana
Ponte Bonito
7bis/dir
Casàl di Principe
Villa di Briano
Villa Literno
S.Cipriano d'Aversa
Pineta Grande
Via Domiziana
Casapesenna
San Marcellino
Tréntola
San Sóssio
Masseria Orabona
Santa Maria a Pantano
Castello
Parete
Villaggio Cóppola
7quater
Ischitella Lido
Lago di Pátria
Masseria Cavone
Staz.Giugliano-Qualiano
MARE
TIRRENO
LITERNUM
Marina di Lago di Pátria
Zaccaria
Qualiano
Castello di Monteleone
Marina di Varcaturo
7qu.
Quarto
Monte Ruscello
141
Lido di Licola
Necropoli
Acropoli
Campi Flegrei
CUMA
(Antica città greca)
Arco Felice
Anfiteatro
P.-Via Campana
Antica Campana
Cuma 2
Lago d'Averno
Lago di Fusaro
Lido di Nápoli
Baia
POZZUOLI
Torregáveta
Parco d. Campi Flegrei
Castello
Cappella
Bácoli
Monte di Prócida
Spiaggia di Miliscola
Miseno
Capo Miseno
Ventotene
Baia di San Montano
Lacco Ameno
CASAMICCIOLA TERME
Capo Bove
PRÓCIDA
Castello
Lido di Prócida
l'Olmo
Ísola di Prócida
Centane
Punta Cornácchia
Íschia Porto
ISCHIA
Punta Solchiaro
Ísola Vivara
Montevérgine
Chiáia
FORÍO
Monterone
Máio
M.Epomeo
788
Fiaiano
Mandria
Castello
Carta Romana
Spiaggia di Citara
Fontana
Cuotto
Buonopane
Sant'Antuono
Piedimonte
Punta Imperatore
Panza
Serrara
Sant' Ángelo
Barano d'Íschia
Succhivo
Punta San Pancrázio
Capo Negro
Lido dei Maronti
Punta Sant'Ángelo
Ísola d'Íschia
5 km
Capri
di

CASERTA
MADDALONI
MARCIANISE
AVERSA
AFRAGOLA
CASÓRIA
POMIGLIANO D'ARCO
NÁPOLI
PÓRTICI
ERCOLANO
TORRE DEL GRECO
TORRE ANNUNZIATA
CASTELLAMMARE DI STÁBIA
VICO EQUENSE
SANT'ÁGATA DE' GOTI
AIROLA
ARIENZO
NOLA
Saviano
Marigliano
Acerra
Caivano
Somma Vesuviana
Ottaviano
S.Anastasia
S.Giuseppe Vesuviano
Poggiomarino
Terzigno
BOSCO-TRECASE
BOSCO-REALE
Pompei
S.Antonio Abate
Gragnano
Vesúvio
Parco d. Vesuvio
M.Somma
Osservatorio
HERCULANEUM
Posillipo
C.di Posíllipo
Marechiaro
Scoglio Rovigliano
Capodrise
Casagiove
Castelmorrone
Cervino
Cancello
Cicciano
Camposano
Pascarola
Frattamaggiore
Casalnuovo di Nápoli
Secondigliano
Capodichino
Pozzuoli
Sant'Angelo in Formis
Bellona
Dugenta
Frasso Telesino
Parco Taburno Camposauro
Moiano
Durazzano
Forchia
Piano di Sorrento
Meta
Sant'Agnello
Monte Faito
Santa Maria del Castello
Golfo di Nápoli
Cágliari, Tunis, Trápani, Reggio Calabria, Catánia-Siracusa-Malta
A1
A16
A30
E45
E842

123
A
B
C
1
2
3
4
5
6
MADDALONI
ARIENZO
MARCIANISE
Capodrise
San Marco Evangelista
Messercola
S. Maria a Vico
Forchia
San Marco
Ponti Rossi
San Felice a Cancello
Sant' Angelo a Palombara
Monte Fellino
Suessola
Cancello
Castello
AVERSA
Teverola
Carinaro
Gricignano di Aversa
Orta di Atella
Succivo
Cesa
Sant'Arpino
Caivano
Pascarola
Gaudello
Cicciano
Camposano
Cimitile
Acerra
Crispano
Cardito
Frattaminore
Frattamaggiore
S.Ántimo
Grumo Nevano
Casandrino
AFRAGOLA
Casalnuovo di Nápoli
Licignano di Nápoli
Marigliano
Mariglianella
Brusciano
Castello di Cisterna
Saviano
Scisciano
Nola
San Vitaliano
Tre Ponti
Faibano
Lausdómini
Villaricca
Melito di Nápoli
Arzano
CASÓRIA
POMIGLIANO D'ARCO
Pomigliano d'Arco
Mugnano di Nápoli
Secondigliano
Casavatore
Aerop. di Napoli Capodichino
Piscinola
Chiaiano
Miano
Volla
Romani
Somma Vesuviana
Piazzolla
Rione Trieste
Caravita
Capodimonte
Cercola
Ponticelli
S.Anastasia
Trocchia
Póllena-Massa di S.
M.Somma
1132
Ottaviano
S.Gennaro Vesuviano
Palma Campania
S.Giuseppe Vesuviano
Poggioreale
Camaldoli
Soccavo
Vomero
Fuorigrotta
Barra
S.Giorgio a Cr.
San Sebastiano al Vesúvio
Parco d. Vesúvio
Vesúvio
1281
Osservatorio
Castello del Príncipe
Santa Maria la Scala
Terzigno
Bóccia al Mauro
NÁPOLI
PÓRTICI
Posíllipo
C.di Posíllipo
Marechiaro
HERCULANEUM
ERCOLANO
TORRE DEL GRECO
BOSCO-TRECASE
BOSCOREALE
Pompei
POMPEI
Santa Maria la Bruna
Leopardi
TORRE ANNUNZIATA
Scafati
Santa Maria la Carità
Scoglio Rovigliano
Golfo di Nápoli
CASTELLAMMARE DI STÁBIA
Antiche Terme
Bagni di Pozzano
Pimonte
Tralia
Monte Faito
1131
VICO EQUENSE
Marina di Équa
Piano di Sorrento
Meta
Ticcino
Moiano
Cásola
Sant' Agnello
SORRENTO
Preazzano
Arola
San Pietro
Santa Maria del Castello
POSITANO
Véttica Maggiore
Marina di Puolo
Scoglio Vervece
Massa Lubrense
Annunziata
Sant'Agata sui Due Golfi
Colli di Fontanelle
Torca
Marciano
Metrano
Termini
Nerano
Marina del Cantone
Li Galli
Punta Campanella
Bocca Piccola
Ventotene
Prócida
Íschia
Porto-Vecchio, Palau, Cágliari, Tunis, Ústica, Favignana, Trápani,
Palermo, Isole Eolie, Reggio Cal., Catânia, Siracusa,
Malta, Al Iskandaryah
Íschia
Ísola di Capri
Grotta Azzurra
Villa Imperiale (rom.)
Monte Solaro
589
ANACAPRI
Marina Grande
il Capo
Villa Jovis (rom.)
CAPRI
Marina Piccola
Punta Carena
Grotta Verde
Grotta Rossa

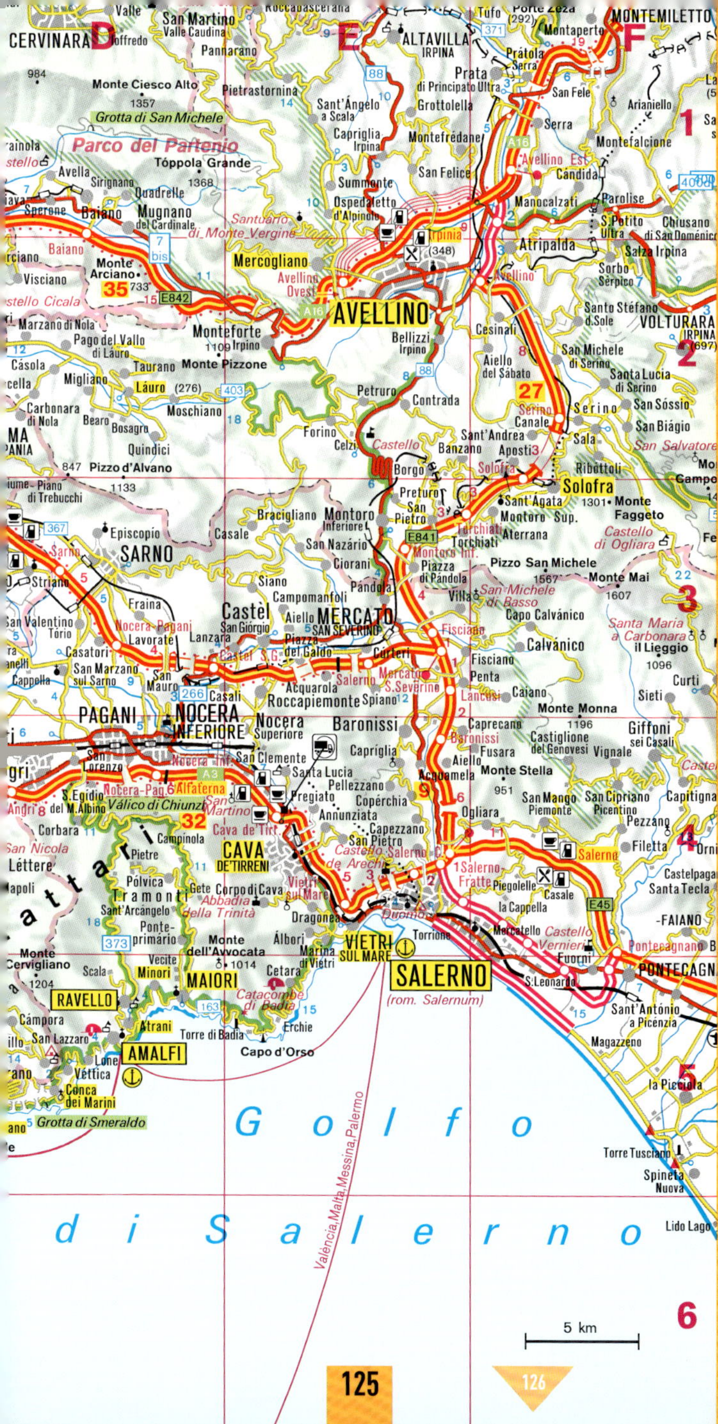

D
E
F
1
2
3
4
5
6
CERVINARA
San Martino Valle Caudina
Pannarano
ALTAVILLA IRPINA
MONTEMILETTO
Montaperto
Prátola Serra
Prata di Principato Ultra
Grottolella
San Fele
Arianiello
Serra
Montefalcione
Monte Ciesco Alto
1357
Pietrastornina
Sant'Ángelo a Scala
Capriglia Irpina
Montefrédane
Grotta di San Michele
Parco del Partenio
Tóppola Grande
1368
Avella
Sirignano
Quadrelle
Summonte
San Felice
Avellino Est
Cándida
Parolise
Manocalzati
Sperone
Baiano
Mugnano del Cardinale
Santuario di Monte Vergine
Ospedaletto d'Alpinolo
S.Potito Ultra
Chiusano di San Domenico
Irpinia
(348)
Atripalda
Salza Irpina
Monte Arciano
733
35
E842
Mercogliano
Avellino Ovest
Avellino
Sorbo Serpico
Visciano
A16
AVELLINO
Santo Stéfano d.Sole
VOLTURARA IRPINA
(697)
Marzano di Nola
Monteforte Irpino
1109
Bellizzi Irpino
Cesinali
Pago del Vallo di Lauro
Cásola
Taurano
Monte Pizzone
Aiello del Sábato
San Michele di Serino
Santa Lucia di Serino
Migliano
Lauro
(276)
403
88
Petruro
Contrada
27
Serino
Canale
San Sóssio
Carbonara di Nola
Moschiano
Beato
Bosagro
Forino
Sant'Andrea
Aposti
Sala
San Biágio
San Salvatore
Quindici
Celzi
Castello
Banzano
847
Pizzo d'Alvano
Borgo
Solofra
Ribóttoli
Piano di Trebucchi
1133
Preturo
San Pietro
Sant'Agata
Solofra
1301
Monte Faggeto
Montoro Sup.
Bracigliano
Montoro Inferiore
367
Episcopio
SARNO
Casale
E841
Torchiati
Aterrana
Castello di Ogliara
San Nazário
Montoro Inf.
Piazza di Pándola
Pizzo San Michele
1567
Monte Mai
1607
Ciorani
Pándola
Villa
San Michele di Basso
Capo Calvánico
Sarno
Striano
Siano
Campomanfoli
Fraina
Castel San Giórgio
Aiello
MERCATO SAN SEVERINO
Fisciano
Santa Maria a Carbonara
San Valentino Tório
Nocera-Pagani
Lavorate
Lanzara
Piazza del Galdo
Curteri
Calvánico
il Lieggio
1096
Casatori
Castel S.G.
Fisciano
Penta
Curti
San Marzano sul Sarno
San Mauro
Acquarola
Salerno
Mercato S.Severino
Lancusi
Caiano
Sieti
266
Casali
Roccapiemonte
Spiano
Monte Monna
PAGANI
NOCERA INFERIORE
Nocera Superiore
Baronissi
Caprecano
1196
Giffoni sei Casali
Baronissi
Castiglione del Genovesi
Vignale
Fusara
San Lorenzo
Nocera Inf.
San Clemente
Capríglia
Aiello
Santa Lucia
Acquamela
Monte Stella
A3
Alfaterna
Pellezzano
951
Nocera-Pag.
S.Egidio del M.Albino
Válico di Chiunzi
San Martino
Pregiato
Copérchia
9
San Mango Piemonte
San Cipriano Picentino
Capitignano
Ogliara
Pezzano
Annunziata
32
Cava de'Tirr.
Corbara
Campinola
Capezzano
Filetta
Salerno
San Nicola
San Pietro
Castello Salerno
CAVA DE'TIRRENI
Lèttere
Pietre
de Arechi
1 Salerno-Fratte
Piegolelle
Castelpagano
Santa Tecla
Pólvica
Corpo di Cava
Vietri sul Mare
Casale
Tramonti
Abbadia della Trinità
la Cappella
E45
Sant'Arcángelo
Dragonea
Duomo
-FAIANO
Ponte-primário
Torrione
Mercatello
Castello Vernieri
373
Monte dell'Avvocata
Álbori
Pontecagnano
Monte Cervigliano
Vecite
Marina di Vietri
VIETRI SUL MARE
Fuorni
Scala
Minori
1014
Cetara
SALERNO
PONTECAGNANO
1204
MAIORI
S.Leonardo
(rom. Salernum)
RAVELLO
Catacombe di Badia
Cámpora
163
Sant'António a Picénzia
San Lazzaro
Atrani
Torre di Badia
Erchie
Magazzeno
AMALFI
Capo d'Orso
Lone
Vettica
Conca dei Marini
la Picciola
Grotta di Smeraldo
Golfo
València, Malta, Messina, Palermo
Torre Tusciano
Spineta Nuova
di Salerno
Lido Lago
5 km
126

A
B
C
1
2
3
4
5
6
125
128
Castiglione del Genovesi
Vignale
sei Casali
Mercato
Gauro
MONTECORVINO ROVELLA
Stella
San Mango Piemonte
San Cipriano Picentino
Pezzano
Filetta
Ornito
Occiano
Salerno
Cornea
Ferrari
San Martino
Pugliano
Castelpagano
Santa Tecla
Torello
Montecorvino Pugliano
Casale
Cappella
E45
FAIANO
Castello Vernieri
Fuorni
Pontecagnano
Baroncino
PONTECAGNANO-
S.Leonardo
Sant'Antònio a Picènzia
Magazzeno
52
Battipàglia
Bellizzi
Belvedere
BATTIPÀGLIA
la Picciola
Piana del Sele
San Mattia
Fasanara
Santa Lucia
Corno d'Oro
Masseria Campione
Torre Tusciano
Spineta Nuova
Lido Lago
Aversana
San Berniero
Osteria Criscuolo
Cioffi
Torre Paladino
Fiocche
San Vito
Santa Cecilia
Santuario di Hera Argiva
Foce del Sele
Torre Kernot
Gromola
Bellelli
Laura
Staz. di Capàccio-Roccadàspide
MARE
TIRRENO
PAESTUM
Torre di Paestum
Licinella
Necròpoli
Staz.Ogliastro Cilento
AGRÓPOLI
Convento S. Francesco
Monte Tresino
Punta Tresino
San Giovanni
355
Torre del Pagliardo
Sant' Antònio
Santa Maria di Castellabate
Sant' Andrea
Madonna del Carmine
Madonna della Scala
San Marco
CASTELLABATE
Sant' Antònio
Punta Licosa
Ìsola Licosa
Monte Licosa
Licosa
326
Casa la Pietà
Ogliastro Marina
Torre dell'Arena
Punta d'Ogliastro
5 km
1177
1790
Tusciano
Parco dei Monti Picentini
Costa Calda
1165
Salitto
Castagneto
Olevano sul Tusciano
Ariano
Monticelli
Madonna d' Avigliano
Castello
CAMPAGNA
Camàldoli
Puglietta
Romandola
Quadrivio
Serra
Òppidi
Monte di Èboli
407
ÈBOLI
(rom. Eburum)
San Pietro alli Marmi
Castellùccio
Pezza Rotonda
Campagna
91
Èboli
Ponte Sele
Fer Faone
Staz.di Campagna-Serre-Persano
Biancaneve
Masseria Rosale
Cascine Mafalda
Calore
Ponte Cal
Persano
Convento San Francesco
Altavilla Silentina
Scanno
Santa Maria della Neve
Cerelli
Madonna del Monte
Sele
San Cesareo
Staz. di Albanella
Matinella
Ponte Barizzo
Albanella
(205)
Terzeri
Tempalta
166
Capàccio Vècchio
Cavallo
Volpa
Casa Gian Cesare
Monte Soprano
1082
la Torricella
CAPÀCCIO
Trentinara
Spinazzo
Vareo Cilentano
Giungano
Casa Renna
Madonna di Loreto
Monte S
Solofrone
Chiusa Vecchia
Caserio Rosso
Erèdita
Postiglione
18
Ogliastro Cilento
Finocchito
Monte Cicerale
Prignano Cilento
267
Torchiara
Sant' Antuono
Ostigli
Matonti
Rutino
San Ni
Casa San Pietro
Laureana Cilento
Rocca Cilento
Lustra
Staz. di Rutino
Vatolla
Casigliano
La Fiumana
Alento
Camella
Mercato San Mango
Corticelle
Santa Lucia
Perdifumo
Monte della Stella
1131
Sessa Cilento
688
Torretta
Villa Giannina
Serramezzana
Omignano
Arena
Zoppi
Fornelli
Guarrazzano
1130
Stella Cilento
Cosentini
San Teodoro
San Mauro Cilento
Montecòrice
Case del Conte
Ortodònico
Amalafede
San Giovanni
Monte
442
Vallo-C
Rosaine
Agnone
Casa Capitello
Casal Sottano
Galdo
Acquavella
Celso
CASAL Velino

D
E
F
Oliveto Citra
Ponte Maiale
M.Ogna
1361
1288
C.Piegari
Basilicata
Campania
Platano
M.dell'Armi
957
Casa Matturo
Bagni Contursi
Santa Maria di Loreto
Pianelle
Teglia
Ricigliano
Sele
Palomonte
San Gregório Magno
Balvano
Contursi Terme
Bívio Palomonte
BUCCINO
Romagnano al Monte
Sant'António
la Rotonda di M.Marmo
1239
VOLCEI
Contursi
Staz. di Contursi Terme
Sicignano-Potenza
Buccino
E847
VIETRI DI POTENZA
A3
E 45
94
10
Staz.Romagnano
Bianco
Castello
Staz. Sicignano d.Alburni
Staz. Buccino-S.Gregório M.
la Cuzza
966
Masseria Ilaria
M.Zonzo
357
Salvitelle
Taverna Cereta
Zuppino
Castelluccio Cosentino
Cosentino
Tangro
Case Rumolo
CAGGIANO
(827)
M.Capo la Serra
1141
19
la Civetta
Scorzo
Terranova
Staz. di Galdo
19 ter
23
Auletta
Convento di San Francesco
Galdo
Petina
Pertosa
(605)
POSTIGLIONE
Sicignano degli Alburni
Grotta di Pertosa
Polla
Grotta di Sant'Elia
1704
M.della Nuda
Staz. di Auletta
M.Pizzuto
1403
Rif.Forestale
M.Alburno
1742
Petina
(rom. Forum Popilii)
POLLA
Serra del
1174
488
Monti Alburni
il Figliolo
1337
Grotta
Madonna di Loreto
Parco Naz. del Cilento e Vallo di Diano
Controne
M.Caramito
1364
Casone d'Aresta
Grotta dell'Acqua
2
A3
E45
Madonna di Montagna
Serra Nicola
Madonna del Cármine
426
Castello
Ponte Paestum
CASTELCÍVITA
Tempa del Prato
1048
Bosco di Corleto
1301
Grotta di Castelcívita
San Francesco
951
Sant'Arsénio
Atena Luc.
Costa la Croce
Sant'Angelo a Fasanella
San Pietro al Tanagro
Ponte Conócchia
Máchia di Aquara
Case Ricco
Ottati
(529)
Madonna della Penna
1426
Monte Spina dell'Ausino
Atena Scalo
Casa Martino
Madonna del Cardoneto
(515)
Casa d'Elia
15
Aquara
Serra Nuda
Corleto Monforte
Carnale
1283
San Rufo
Fasanella
Bellosguardo
Casa Galdo
166
Sala Co
ROCCADÁSPIDE
Ponte Calore
M.Cocuzzo
1411
Castello
Castèl San Lorenzo
68
Ponte Fasanella
Roscigno
-Vécchio
Sella del Corticato
(1026)
Prato Perillo
Ripiti
-Nuovo
Sacco vécchio
San Marco
San Giovanni Piedimonte
17
M.Cerzito
480
Sacco
M.Mótola
1700
1743
TEGGIAN
Madonna di Costantinópoli
Villa Littório
2
Serra la Manc
Felitto
Madonna del Monte Vivo
Monteforte Cilento
Serra di Falco
799
Ráia della Pétina
1172
Madonna del Rosario
M.Céglie
602
Madonna del Monte
Capizzo
488
Piaggine
Valle dell'Angelo
Calore
Magliano Vétere
Alento
Magliano Nuovo
LAURINO
M.Cerasulo
1400
Scanno del Tesoro
1348
Madonna della Neve
1898
M.Cervati
5
Gorga
Stio
Cámpora
Santa Doménica
Vetrale
Torno
M.Calvello
1271
M.Raialunga
1405
Órria
Piano-
Gioi
488
Madonna della Neve
Croce di Pruno
(1046)
(1019)
M.Faiatella
1710
Ponte dei Cavalli
Carmignano
M.Rotondo
1388
Vésalo
943
Madonna del Cármine
la Civitella
818
Madonna del Carmine
Grotta di G.Barretta
Cardile
Pruno
Tuzzi di Monte Piano
1515
la Ráia del Pedale
1521
Ponte Inferno
Móio della Civitella
Pellare
Cannalonga
Bussento
Salento
il Fiumicello
101
VALLO DELLA LUCANIA
Angellara
1460
Madonna di Novi Vélia
Novi Vélia
1705
Pruno
Triglio
Tresanti
M.Centaurino
1433
2
Procóio
Pattano
M.Sacro o Gélbison
ROFRANO
6
Castelnuovo Cilento
Staz. di Casal Velino
Massascusa
San Biase
1610
Petrosa
Ceraso
Timpa di Cúccaro V.
M.Fulgenti
1006
M.Antília
LAURITO
318
Sant'Antonio
129

A
B
C
126
Santa Maria della Neve
Madonna del Monte
Controne
Ponte Paestum
Castello
CASTELCÍVITA
San Francesco
Grotta di Castelcívita
M.Caramito
1364
Madonna di Montagna
Tempa del Prato
1048
Parco Naz.
San Cesareo
Staz. di Albanella
Matinella
Ponte Barizzo
Albanella
(205)
Terzerie
Tempalta
Costa la Croce
Sant'Angelo a Fasanella
Ottati
(529)
Madonna del Cardoneto
Mácchia di Aquara
Casa Martino
Case Ricco
Casa d'Elia
Aquara
166
Capáccio Vécchio
Cavallo
Volparo
ROCCADÁSPIDE
Ponte Calore
Bellosguardo
Casa Galdo
Fasanella
Castello
Castel San Lorenzo
68
Ponte Fasanella
Roscigno-Vécchio
-Nuovo
Ripiti
Sacco vécchio
Casa Gian Cesare
Monte Soprano
1082
la Torricella
CAPÁCCIO
Trentinara
Spinazzo
Monte Vésole
1210
M.Cerzito
480
Vareo Cilentano
Giungano
Madonna di Loreto
Casa Renna
Madonna di Costantinópoli
Villa Littório
Felitto
Serra di Falco
799
Solofrone
Monte Sant'Andrea
643
Chiusa Vécchia
Monteforte Cilento
M.Céglie
602
Capizzo
Madonna del Monte
488
Caserio Rosso
Erédita
Postiglione
Magliano Vétere
Magliano Nuovo
Alento
Cilento
18
Ogliastro Cilento
Finocchito
Monte Cicerale
Cicerale
Prignano Cilento
267
Torchiara
Ostigliano
Gorga
Stio
Cámpora
Torno
Sant'Antuono
Santa Doménica
Vetrale
Matonti
Rutino
San Nicola
PERITO
Órria
Piano-
Gioi
Madonna della Neve
Ponte dei Cavalli
Carmignano
Casa San Pietro
Laureana Cilento
Rocca Cilento
Lustra
Staz. di Rutino
Vésalo
943
Vatolla
Casigliano
la Fiumana
Madonna del Carmine
Cardile
la Civitella
818
Madonna del Carmine
Tuzzi di Monte P
1515
Camella
Mercato
San Mango
Corticelle
Santa Lucia
Móio della Civitella
ABATE
Perdifumo
Monte della Stella
1131
Sessa Cilento
Omignano Scalo
Péllare
Cannalonga
688
Serramezzana
Omignano
Salento
VALLO DELLA LUCANIA
Angellara
Zoppi
Guarrazzano
1130
101
il Fiumicello
Novi Vélia
Cosentini
San Teodoro
Ortodónico
San Mauro Cilento
Stella Cilento
Staz. di Vallo-Castelnuovo
Procóio
Pattano
M.Sacro o Gélbison
Amalafede
San Giovanni
442
Monte Forma
Castelnuovo Cilento
Massascusa
San Biase
Casal Sottano
Galdo
Acquavella
Ponte
Staz. di Casal Velino
Petrosa
Ceraso
Timpa di Cúccaro Vétere
1137
Casa Capitello
Celso
il Fiumicello
CASAL Velino
Sant' Antonio
318
Serra
Pozzofetente
Santa Bárbara
Cannicchio
Póllica
Pioppi
San Matteo
288
ELEA (gr.)
VÉLIA (rom.)
Mandia
935
Cúccaro Vétere
Futani
Acciaroli
Marina di Casal Velino
Castellammare di Vélia
Terradura
Eremiti
Torre di Caléo
Torre la Punta
Catona
Castinatelli
Massicelle
San Nazário
Marina di Ascea
Ascea
Ródio
447
Torre del Telégrafo
San Mauro la Bruca
Lambro
Pisciotta
Castellúccio
701
5
MARE
Marina di Pisciotta
Staz. Pisciotta-Palinuro
San Nicola
Staz. di S.Mauro la B.
447
Staz. di Caprioli
Caprioli
Convento
447r.
(332)
CÉNT
Torre dei Caprioli
TIRRENO
Castello di Molpa
PALINURO
Grotta Azzurra
Capo Palinuro
Grotta delle Ossa
Torre Calafetente
Cala del Céfalo
6
5 km

Grotta dell'Acqua
Madonna del Carmine
Serra Nicola
1301
di Corleto
Sant'Arsénio
San Pietro al Tanagro
Ponte
Conócchia
Átena Luc.
Átena Lucana
Átena Scalo
San Antuono
Masseria Lopardo
Sabbatella
la Difesa
1254
dell'Angelo
di Castalda
BRIENZA
Castello
127
M.Marúggio
1577
M.Facito
1359
Monti della Maddalena
M.Tigliano
1060
Masseria Lombardi
Pérgola
San Donato
Tempa Capitello
Casa Isca
Masseria Cozzarro
MARSICO NUOVO
Monte Spina dell'Ausino
1426
Serra Nuda
1283
San Rufo
Timpa delle Rose
1445
Madonna di Sito Alto
Sala Consilina
Castello
SALA CONSILINA
M.Cavallo
1401
San Michele
M.Fontana Lunga
1384
la Lóggia
Basilicata
Campania
Paterno
M.Cocuzzo
1411
Sella del Corticato
(1026)
Prato Perillo
San Marco
San Giovanni Piedimonte
Pantano Grande
Macchiaroli
Trinità
Piazzolla
TEGGIANO
Ponte dei Cappuccini
Serra la Manca
Silla
San Giovanni Castello in Fonte
Grotta
PADULA
il Montagno
1481
M.Mótola
1700
1743
Madonna del Monte Vivo
Cilento e Vallo di Diano
Monte S.Giacomo
San Rocco
San Vito
Carrarola
Certosa
San Francesco
San Lorenzo
1503
Serra Longa
Ráia della Pétina
1172
Madonna del Rosario
Santa Maria
SASSANO
Ascolese
Piaggine
Calore
M.Cerasulo
1400
Masseria Quatariello
Péglio
Ponte Altomuzio
Buonabitácolo Padula
Montesano Scalo
Arenabianca
Tesoro
Madonna della Neve
1898
M.Cervati
M.del Castello
1180
M.Nuovo
1029
Sant'António
M.Raialunga
1405
BUONABITÁCOLO
(501)
(850)
103
MONTESANO SULLA MARCELLANA
Croce di Pruno
(1046)
M.Rotondo
1388
M.Faiatella
1710
M.Cariusi
1504
1400
Cippo Carlo Pisacane
717
Monticello
Pauliello
la Rarete
1161
Pruno
Grotta di G.Barretta
la Ráia del Pedale
1521
Ponte Inferno
SANZA
(600)
Varivértola
A3
E45
Santa Maria della Grázia
Madonna del Carmine
Fontana del Salice
Madonna del Consolazione
Bussento
Ponte Farnitani
M.l'Alta
940
M.Forcella
1192
CASALBUONO
(661)
Pozzi Mónaci
Gióncolli
Triglio
Tresanti
M.Centaurino
1433
31
517
M.Júncolo
1221
ROFRANO
Sant'Eliano
M.Rotondo
1177
i Pozzi
Barbiere
Case Trepaoli
Masseria Fossito
Santa Maria dei Mártiri
M.Fulgenti
1006
Alfano
Grotta del Bussento
LAURITO
CASELLE IN PITTARI
Santa Maria dei Mártiri
CASALETTO SPARTANO
Fortino
Fattoria Pecorelli
Madonna dei Mártiri
Sisamo
Battáglia
1387
Montano Antilia
Casa Giardinello
Morigerati
Castel Ruggero
Grotta
TORTORELLA
SAN BASILE
M.Cocuzzo
Mingardo
Sicilì
Serra Palombara
413
TORRE ORSAIA
Bussento
Madonna del Monte
Case Santa Lucia
Torraca
Serralunga
1480
Campania
Basilicata
ROCCAGLORIOSA
SS18
517
Vibonati
Staz.di Celle-Roccagloriosa
Case Calleo
Santa Marina
Santa Maria del Córdici
Celle di Bulgheria
San Cataldo
Staz. di Torre Orsáia
Case Lupinata
Ispani
San Cataldo
Timpone
SAPRI
San Costantino
Poderia
Acquavena
Capitello
Villammare
104
Timpa Linnarino
658
M.Bulgheria
1225
Bosco
447a
Torre dell'Oliva
POLICASTRO BUSSENTINO
(gr. Pyxus, rom. Buxentum)
Torre di Capobianco
M.Ceraso
608
M.Palladino
711
Serra Tuono
1176
l'Annunziata
562
Licusati
SAN GIOVANNI A PIRO
Pietrasanta
Scário
Garagliano
Torre di Mezzanotte
Torre dei Crivi
Acquafredda
Rotondella
Golfo di Policastro
Timpa Pistillo
723
Penniniello
660
Torre Spinosa
Capo la Nave
Cersuta
Torre Apprézzami l'Asino
Ogliastro
575
la Vaccuta
Lentiscosa
Sant' António
Torre Muzza
Torre di Teano
Fiumicello
Santa Venere
Porto
Torre degli Infreschi
Marina di Camerota
Torre Cala Bianca
Punta degli Infreschi
Ísola San Ian

KARTENLEGENDE

Autobahn mit Anschlussstelle - Mautstelle	Horb 14	Motorway with junction - Toll
Autobahn in Bau - geplant	Datum/Date	Motorway under construction - projected
Tankstelle - Rasthaus - mit Motel	La Macchia	Filling station - Restaurant - with motel
Vierspurige Straße - in Bau		Road with four lanes - under construction
National- oder Staatsstraße - in Bau		Trunk road - under construction
Wichtige Hauptstraße - in Bau		Important main road - under construction
Hauptstraße - Nebenstraße		Main road - Secondary road
Fahrweg - Fußweg		Practicable road - Foothpath
Passstraße mit Wintersperre - Steigung	X-IV 10%	Mountain pass closed in winter - Gradient
Für Wohnwagen nicht empfehlenswert - gesperrt		Not suitable for caravans - closed
Gebührenpflichtige Straße - Für Kfz gesperrt		Toll road - Road closed for motor traffic
Hauptbahn mit Bahnhof - Nebenbahn		Main railway with station - Other railway
Eisenbahn (Güterverkehr) - Autoverladung		Railway (freight haulage) - Railway ferry for cars
Zahnradbahn - Seilbahn - Sessellift		Rack-railway - Cable lift - Chair lift
Autofähre - Schifffahrtslinie		Car ferry - Shipping route
Flughafen - Regionalflughafen - - Flugplatz - Segelflugplatz		Airport - Regional airport - - Airfield - Gliding field
Besonders sehenswerter Ort	LISBOA	Place of particular interest
Besondere Natursehenswürdigkeit	*Grotta d. Vento*	Natural object of particular interest
Sonstige Sehenswürdigkeit	* *Cittadella*	Other objects of interest
Landschaftlich schöne Strecke		Scenic road
Touristenstraße	Route des Grandes Alpes	Tourist route
Nationalpark, Naturpark - Aussichtspunkt		National park, nature park - Viewpoint
Botanischer Garten, sehenswerter Park - - Zoologischer Garten		Botanical gardens, interesting park - - Zoological garden
Burg, Schloss für Besucher zugänglich - Ruine		Castle open to public - Ruin
Sonstige Burg, Schloss - Kirche - Kloster - Ruinen		Other castle - Church - Monastery - Ruins
Turm - Funk- oder Fernsehturm		Tower - Radio- or TV tower
Denkmal - Leuchtturm		Monument - Lighthouse
Golfplatz - Jachthafen		Golf-course - Marina
Hotel, Motel, Gasthaus - Berghütte - Feriendorf		hotel, motel, inn - Mountain hut - Tourist colony
Campingplatz - Jugendherberge		Camping - Youth hostel
Strandbad - Schwimmbad - Heilbad		Bathing place - Swimming pool - Spa
Staatsgrenze		State boundary
Grenzkontrollstelle international - - mit Beschränkung		International check-point - - Check-point with restrictions
Verwaltungsgrenze - Sperrgebiet		Administrative boundary - Restricted area
Ausflüge & Touren		Excursions & tours

REGISTER

Im Register sind alle in diesem Führer erwähnten Orte und Ausflugsziele verzeichnet. Halbfette Seitenzahlen verweisen auf den Haupteintrag, kursive auf ein Foto.

> SCHREIBEN SIE UNS!

Liebe Leserin, lieber Leser,

wir setzen alles daran, Ihnen möglichst aktuelle Informationen mit auf die Reise zu geben. Dennoch schleichen sich manchmal Fehler ein – trotz gründlicher Recherche unserer Autoren/innen. Sie haben sicherlich Verständnis, dass der Verlag dafür keine Haftung übernehmen kann.

Wir freuen uns aber, wenn Sie uns schreiben.

Senden Sie Ihre Post an die
MARCO POLO Redaktion,
MAIRDUMONT, Postfach 31 51,
73751 Ostfildern,
info@marcopolo.de

IMPRESSUM

Titelbild: Neapel, Rollerfahrer, Piazza Jacopo Sannazzarro (Laif: Hub)
Fotos: Associazione Pomigliano Jazz: Pasquale Ottaiano (12 u.); B&B Carafa: Stefano Wurzburger (103 u.r.); Colorvision: Uthoff (4 l., 51, 91); Culti srl: Studio Uno\Alberto Tagliabue (12 M.); Umberto D'Aniello (102 M.l.); B. Dürr (5, 37, 135); FAN Travelstock: Lubenow (60), Rufenach (24/25); R. Hackenberg (63, 120/121); HB Verlag (45, 52, 90, 101); HB Verlag: Fabig (86/87); Huber: Kaos (94), Pignatelli (21, 22/23), Giovanni Simeone (8, 27, 30/31, 56/57, 96/97, 99); ©iStockphoto.com: Angelafoto (102 o.l.), dwphotos (103 M.l.), Tsuji (103 M. r.), twohumans (13 u.); Laif: Celentano (U. l., U. M., 22, 23, 26, 28, 29, 80, 82/83, 84, 107, 108/109, 111), Hub (1, 16/17, 42), Jonkmanns (19), Standl (88, 93), Zanettini (46/47, 55, 106); Le Sirenuse Hotel: Fabrizio Bergamo (15 o.); Mastroberadino: Dario Pennino (13 o.); Mirage Terim srl: Roberto Pierucci (103 o.l.); Napoli Film Festival: Francesco Esposito (14 u.); Mario del Noce (102 M.r.); Antonio Pietro Perrotti (12 o., 15 u., 102 u.r.); Wieland Schmidt (14 o.); Schuster: Tauqueur (4 r., 58); T. Stankiewicz (72); K. Thiele (9, 75, 104/105); M. Thomas (U. r., 2 l., 2 r., 3 l., 3 M., 3 r., 6/7, 11, 20, 28/29, 32, 35, 38, 39, 41, 48, 64/65, 66, 68/69, 70, 73, 76, 77, 78, 81, 110)

7., aktualisierte Auflage 2008

Verlegerin: Stephanie Mair-Huydts; Chefredaktion: Michaela Lienemann, Marion Zorn
Autorin: Bettina Dürr; Redaktion: Nikolai Michaelis
Programmbetreuung: Leonie Dlugosch, Nadia Al Kureischi; Bildredaktion: Gabriele Forst, Stephan Moll
Szene/24h: wunder media, München
Kartografie Reiseatlas: © MAIRDUMONT, Ostfildern
Innengestaltung: Zum goldenen Hirschen, Hamburg; Titel/S. 1–3: Factor Product, München
Sprachführer: in Zusammenarbeit mit Ernst Klett Sprachen GmbH, Stuttgart, Redaktion PONS Wörterbücher

Printed in Germany. Gedruckt auf 100% chlorfrei gebleichtem Papier

FÜR IHRE NÄCHSTE REISE

gibt es folgende MARCO POLO Titel:

DEUTSCHLAND
Allgäu
Amrum/Föhr
Bayerischer Wald
Berlin
Bodensee
Chiemgau/Berchtesgadener Land
Dresden/Sächsische Schweiz
Düsseldorf
Eifel
Erzgebirge/Vogtland
Franken
Frankfurt
Hamburg
Harz
Heidelberg
Köln
Lausitz/Spreewald/Zittauer Gebirge
Leipzig
Lüneburger Heide/Wendland
Mark Brandenburg
Mecklenburgische Seenplatte
Mosel
München
Nordseeküste Schleswig-Holstein
Oberbayern
Ostfriesische Inseln
Ostfriesland/Nordseeküste/Niedersachsen/Helgoland
Ostseeküste Mecklenburg-Vorpommern
Ostseeküste Schleswig-Holstein
Pfalz
Potsdam
Rheingau/Wiesbaden
Rügen/Hiddensee/Stralsund
Ruhrgebiet
Schwäbische Alb
Schwarzwald
Stuttgart
Sylt
Thüringen
Usedom
Weimar

ÖSTERREICH | SCHWEIZ
Berner Oberland/Bern
Kärnten
Österreich
Salzburger Land
Schweiz
Tessin
Tirol
Wien
Zürich

FRANKREICH
Bretagne
Burgund
Côte d'Azur/Monaco
Elsass
Frankreich
Französische Atlantikküste
Korsika
Languedoc Roussillon
Loire-Tal
Normandie
Paris
Provence

ITALIEN | MALTA
Apulien
Capri
Dolomiten
Elba/Toskanischer Archipel
Emilia-Romagna
Florenz
Gardasee
Golf von Neapel
Ischia
Italien
Italienische Adria
Italien Nord
Italien Süd
Kalabrien
Ligurien/Cinque Terre
Mailand/Lombardei
Malta/Gozo
Oberital. Seen
Piemont/Turin
Rom
Sardinien
Sizilien/Liparische Inseln
Südtirol
Toskana
Umbrien
Venedig
Venetien/Friaul

SPANIEN | PORTUGAL
Algarve
Andalusien
Barcelona
Baskenland/Bilbao
Costa Blanca
Costa Brava
Costa del Sol/Granada
Fuerteventura
Gran Canaria
Ibiza/Formentera
Jakobsweg/Spanien
La Gomera/El Hierro
Lanzarote
La Palma
Lissabon
Madeira
Madrid
Mallorca
Menorca
Portugal
Spanien
Teneriffa

NORDEUROPA
Bornholm
Dänemark
Finnland
Island
Kopenhagen
Norwegen
Schweden
Südschweden/Stockholm

WESTEUROPA | BENELUX
Amsterdam
Brüssel
Dublin
England
Flandern
Irland
Kanalinseln
London
Luxemburg
Niederlande
Niederländische Küste
Schottland
Südengland

OSTEUROPA
Baltikum
Budapest
Estland
Kaliningrader Gebiet
Lettland
Litauen/Kurische Nehrung
Masurische Seen
Moskau
Plattensee
Polen
Polnische Ostseeküste/Danzig
Prag
Riesengebirge
Rumänien
Russland
Slowakei
St. Petersburg
Tschechien
Ungarn
Warschau

SÜDOSTEUROPA
Bulgarien
Bulgarische Schwarzmeerküste
Kroatische Küste/Dalmatien
Kroatische Küste/Istrien/Kvarner
Montenegro
Slowenien

GRIECHENLAND | TÜRKEI
Athen
Chalkidiki
Griechenland Festland
Griechische Inseln/Ägäis
Istanbul
Korfu
Kos
Kreta
Peloponnes
Rhodos
Samos
Santorin
Türkei
Türkische Südküste
Türkische Westküste
Zakinthos
Zypern

NORDAMERIKA
Alaska
Chicago und die Großen Seen
Florida
Hawaii
Kalifornien
Kanada
Kanada Ost
Kanada West
Las Vegas
Los Angeles
New York
San Francisco
USA
USA Neuengland/Long Island
USA Ost
USA Südstaaten/New Orleans
USA Südwest
USA West
Washington D.C.

MITTEL- UND SÜDAMERIKA
Argentinien
Brasilien
Chile
Costa Rica
Dominikanische Republik
Jamaika
Karibik/Große Antillen
Karibik/Kleine Antillen
Kuba
Mexiko
Peru/Bolivien
Venezuela
Yucatán

AFRIKA | VORDERER ORIENT
Ägypten
Djerba/Südtunesien
Dubai/Vereinigte Arabische Emirate
Israel
Jerusalem
Jordanien
Kapstadt/Wine Lands/Garden Route
Kenia
Marokko
Namibia
Qatar/Bahrain/Kuwait
Rotes Meer/Sinai
Südafrika
Tunesien

ASIEN
Bali/Lombok
Bangkok
China
Hongkong/Macau
Indien
Japan
Ko Samui/Ko Phangan
Malaysia
Nepal
Peking
Philippinen
Phuket
Rajasthan
Shanghai
Singapur
Sri Lanka
Thailand
Tokio
Vietnam

INDISCHER OZEAN | PAZIFIK
Australien
Malediven
Mauritius
Neuseeland
Seychellen
Südsee

> UNSERE INSIDERIN

MARCO POLO Autorin Bettina Dürr im Interview

Bettina Dürr bereist seit vielen Jahren Italien und kann sich ein Leben ohne das Licht und die Tomaten des Südens kaum noch vorstellen.

Sie pendeln seit 1980 zwischen Deutschland und Italien. Wie kam es dazu?

Ich bin 1980 zum Studium nach Italien gekommen, habe hier meinen italienischen Lebensgefährten kennengelernt und bin seither mit Italien verbandelt.

Was reizt Sie am Golf von Neapel?

Das Mediterrane, das Licht, die Wärme, die grandiose Landschaftskulisse, der Duft des Meeres und der Pinien, die Farben – und wie sich all das auf die Menschen auswirkt, wie sich Freundlichkeit und Schönheit immer wieder durchsetzen. An Neapel reizt mich das Überraschende, der Besuch der Stadt ist für mich jedesmal ein Abenteuer.

Und was gefällt Ihnen nicht so?

Die Kehrseite: die Vermüllung von manch schönem Landschaftsflecken, schäbige Zersiedlung, das Wissen um die düstere, brutale Camorra.

Wo und wie leben Sie genau?

Meinen Standort habe ich im norditalienischen Bologna, bin aber sehr viel in ganz Italien unterwegs.

Was machen Sie beruflich in Italien?

Ich schreibe Reiseführer über Italien für deutsche Reisebuchverlage, arbeite mit an kulinarischen Sachbüchern. Hin und wieder übersetze ich Kinder- und Jugendliteratur aus dem Italienischen und organisiere Kurzreisen für kleine Gruppen zu ausgewählten Themen.

Kommen Sie viel am Golf herum?

Immer wieder treibt es mich in den Süden als Kontrastprogramm zu meinem Leben im Norden. Ich besuche Freunde in Sorrent, auf Ischia und in Neapel, und das besonders gern im Winter.

Womit beschäftigen Sie sich in Ihrer Freizeit? Haben Sie spezielle Hobbys?

Ich liebe Picknicks, Segeln, manche italienische Oper, Musik überhaupt, und Kunst.

Mögen Sie die Küche Neapels?

Sonst eher ein Pizzamuffel, verblüfft es mich jedesmal, wie gut sie in Neapel schmeckt. Und dann erst das Aroma der Tomaten!

Könnten Sie wieder ganz in Deutschland leben, oder sind Sie „verdorben"?

Wer als Nord- oder Mitteleuropäer auf den Geschmack des Lebens am Mittelmeer gekommen ist, kann darauf nur noch schwer verzichten. Solange es geht, werde ich versuchen, von beiden Welten zu profitieren.

> BLOSS NICHT!

Touristenfallen und Fauxpas: Was Sie vermeiden sollten

Auto fahren

Und zwar in Neapel sowie – am Wochenende – auf der Sorrentinischen Halbinsel und der überfüllten Amalfitana, wenn auch die Neapolitaner ihren Sonntagsausflug machen. Man findet keinen Parkplatz. Im Sommer sollten Sie die Amalfitana ganz meiden und lieber – auch bei Ausflügen auf die Inseln – die öffentlichen Verkehrsmitteln nutzen. In den Städten und in touristischen Ballungszentren sollten Sie Ihr Auto nur leer geräumt parken und möglichst einen bewachten Parkplatz aufsuchen.

Badeschuhe, Taucherbrille, Schnorchel vergessen

Plastiksandalen sind unverzichtbar für den Einstieg ins Meer, der vielerorts nur über Klippen, Stein oder Betontreppchen möglich ist. Taucherbrille und Schnorchel garantieren aufregende Tiefblicke an den Felsküsten.

Überall rauchen

An öffentlichen Orten wie Restaurants, Bars, im Innern von Flughäfen und Bahnhöfen, in Zügen usw. ist das Rauchen verboten – und selbst im Süden hält man sich dran.

Gefälschte Markenartikel erstehen

Neapel ist zwar eine Hochburg der Markenfälschung – überall werden Ihnen gefälschte Gucci- und Prada-Taschen, Ray-Ban-Brillen oder Lacoste-Hemden angeboten –, doch lassen Sie sich nicht vom Billigpreis verführen. Erwischt Sie die Polizei beim Kauf, kann Sie das viele Male teurer kommen als die echte Gucci-Tasche.

Leichtsinnig sein

Aufpassen in Neapel, Salerno, in den Gemeinden am Vesuv wie Somma Vesuviana, Torre del Greco usw., in überfüllten Autobussen und U-Bahnen: keinen auffälligen Schmuck tragen, keine Rolex am Arm, den Fotoapparat mit Tragriemen quer über der Brust; Taschen grundsätzlich nie zur Straßenseite hin tragen; Geld und Papiere möglichst unter Kleid oder Gürtel verstauen bzw. am besten nur den Tagesbedarf mitführen; beim Autofahren stets die Türen verriegeln und die Fenster nur einen Spalt öffnen. An der Amalfiküste, im Cilento, auf den Inseln können Sie sich dann wieder entspannen.

Zigarettenstummel wegwerfen

In den Sommermonaten genügt ein Funke in den ausgedörrten Wäldern und Wiesen, um alles in Brand zu setzen.

Zitronen pflücken

Bitte greifen Sie beim Wandern durch die Zitrushaine und Weinberge nicht nach den verlockenden Früchten. Die Bauern arbeiten hart dafür und leben schließlich davon. Lieber schenken sie einem ein paar Früchte, wenn man mit ihnen ins Gespräch kommt.